T0245791

Feliciano Mayorga y Coral Revilla

Equilibrio interior

Quince claves para vivir con serenidad

editorial Kairós

© de la edición en castellano:
2021 Editorial Kairós, S.A.
www.editorialkairos.com

Fotocomposición: Florence Carreté
Revisión: Alicia Conde
Diseño cubierta: Katrien Van Steen
Impresión y encuadernación: Romanyà-Valls. 08786 Capellades

Primera edición: Septiembre 2021
ISBN: 978-84-9988-907-8
Depósito legal: B 11.500-2021

Este libro ha sido impreso con papel certificado FSC, proviene de fuentes
respetuosas con la sociedad y el medio ambiente y cuenta con los requisitos
necesarios para ser considerado un «libro amigo de los bosques».

Sumario

INTRODUCCIÓN

«Buscar la serenidad
me parece una ambición más razonable
que buscar la felicidad.
Y quizás la serenidad sea una forma de felicidad.»

JORGE LUIS BORGES

Aunque este libro podría ser concebido como un botiquín de primeros auxilios para un momento extremadamente convulso,[1] no deja de ser cierto que la serenidad es uno de los nombres para significar el objeto último del anhelo humano. Designa un estado de calma perfecta, un momentáneo equilibrio con el mundo. Ya en la antigüedad se le nombraba con el término *ataraxia*, que indica tanto ausencia de perturbación como experiencia de la armonía con nosotros mismos y con el entorno. En los momentos de serenidad caminamos sin titubeos por la cuerda floja del tiempo, venciendo el vértigo de los precipicios que se abren ante nosotros: el reino de lo irrevocable y el reino de lo imprevisible, el pasado y el futuro. Instalados en el presente, nos sentimos satisfechos de lo que somos y de lo que tenemos, ha cesado la búsqueda, basta con existir.

Lo interesante de la serenidad, a diferencia de otros estados de ánimo, es que es una puerta que depende completamente de nosotros franquear. Lograr la felicidad, la alegría o el entusiasmo está más allá de nuestras solas fuerzas, requiere a menudo el auxilio de la buena fortuna. Cuando la desgracia nos toca con la muerte de un ser querido o una enfermedad grave, es

1. El libro fue escrito en 2020, en los momentos más duros de la pandemia por coronavirus.

difícil, por no decir imposible, que aparezcan sensaciones de gozo y jovialidad. Pero incluso en esas circunstancias adversas depende de nosotros mantenernos serenos.

Similar es el caso de emociones espirituales como el arrobamiento, el éxtasis o la beatitud que, aunque podamos propiciar, exigen el encuentro con la Realidad trascendente, han de ser concebidas como un don y no como mero objeto de nuestra voluntad. A lo que se suma que cualquier forma de espiritualidad, por rudimentaria que sea, exige un mínimo de certezas, lo que la hace vulnerable a la duda, mientras que la serenidad tolera perfectamente la ignorancia y la incertidumbre.

Quizás la razón de esta peculiar soberanía de la serenidad frente al resto de estados anímicos resida en el hecho de que es la expresión misma de la libertad última y radical del ser humano, la única que no puede sernos arrebatada sin nuestro consentimiento. El cultivo de esta autonomía interior, lo que los estoicos llamaban *autarquía*, es la base de la serenidad. Un ejemplo de este poder extremo nos ha llegado de supervivientes de los campos de concentración nazis, que relatan la existencia de prisioneros cuya actitud no estaba dictada por las circunstancias opresivas del entorno, siendo capaces de conservar su humanidad pese al clima de violencia y degradación imperante. Testimonios que apoyan la convicción de que es posible una resistencia íntima que equilibre nuestra relación con el mundo, una ciudadela interior que nos proteja eficazmente de la angustia y la depresión. El reflejo psicológico de ese equilibrio es la serenidad.

Es un tópico muy arraigado pensar que una persona será más serena cuanto menos dependa del exterior. Y este es uno de los puntos de mayor controversia, si con ello se quiere afirmar que la independencia interior supone renunciar a toda clase de vínculos con nuestros semejantes, viendo en cada uno de ellos un riesgo cierto de perturbación. Como los viejos eremitas que se iban al desierto para vivir en soledad, es fácil pensar que cuanto más intensos y numerosos sean nuestros afectos mayores serán nuestras vulnerabilidades. Desde nuestro punto de vista esto no tiene por qué ser así, si es que es posible un amor sin apego. El amor, entendido como la voluntad de aliviar las necesidades de los otros y contribuir a su bienestar, es compatible con la serenidad en tanto no está determinado por el amado, del que no espera ni siquiera correspondencia.

Aunque esta sea una cuestión discutible, opinamos que el cultivo de la libertad interior no tiene por qué significar vivir rodeados por una muralla defensiva, protegidos por una armadura de indiferencia hacia las cosas y las personas. Se puede ser sensible y sereno a la vez, siempre que una gruesa película de conciencia se interponga entre el momento del estímulo y el momento de la respuesta. Este filtro amortiguará tanto la impulsividad de quienes reaccionan de forma automática a los acontecimientos como la inhibición de quienes omiten la respuesta cuando es debida. En ambos casos, la impulsividad y la evitación predisponen respectivamente a la culpa y al rencor, generando estados de rumiación que destruyen la calma interior. La consciencia desempeña la misma función que la grasa que recubre el cuerpo de algunos animales, moderando los picos de calor o frío extremos que desestabilizarían su temperatura corporal.

La práctica de la serenidad no está reservada a filósofos y monjes que tratan de aminorar el ruido del mundo, sino que debe servir para prevenir y sanar los graves problemas de salud mental que aquejan a un número creciente de la población. Las autoridades sanitarias han alertado del incremento exponencial de los niveles de angustia, sobre todo trastornos de ansiedad y depresión. Un tipo de trastornos que no se pueden detener desde la imposición de nuestra voluntad. No se pueden tratar desde el «No debo tener miedo» o «No quiero que esto me ocurra». La ansiedad, en concreto, obedece a una necesidad compulsiva de control y a la creciente percepción de la vida como una amenaza. Lo singular de esta dolencia es la facilidad con la que hace entrar en bucle a sus víctimas, provocando un círculo vicioso donde el miedo a los síntomas del miedo tan solo logra agravarlos y cronificarlos, siguiendo la estela de las profecías autocumplidas. El modo de escapar del círculo del temor es el cultivo de una actitud serena.

Por último, quisiéramos añadir un breve comentario sobre la relación de la serenidad con el tiempo. Su reino es el presente, el eterno ahora del ser. Solo el presente proporciona un suelo firme a la quietud pero, claro está, no el presente inmediato y fugitivo basado en el olvido y la irresponsabilidad, como si no hubiera mañana. La persona serena se abre con mansedumbre al pasado, aprendiendo de los errores sin atormentarse; y al futuro, embarcándose en proyectos sin avidez ni preocupación.

La serenidad, lejos de una orgullosa protección ante los acontecimientos adversos, es un acto de amor incondicional a la vida, más allá del placer y el dolor que pueda proporcionarnos. La persona serena vive enamorada de la vida, no la juzga ni condena, sino que mantiene una actitud de amorosa aceptación de todo lo que ocurre. Aceptación que no es pasividad ni resignación. Frente al prejuicio dominante, la persona serena es extremadamente eficaz cuando decide intervenir sobre su entorno, pues no yerra el tiro con comportamientos compulsivos, irreflexivos y automáticos. Sabe el terreno que pisa, sin conceder espacio a la ilusión ni malgastar su energía.

Prolongar la serenidad más allá de momentos puntuales es un objetivo difícil, que requiere un paciente entrenamiento en el dominio de poderosas herramientas psicológicas, filosóficas y espirituales. Antes de detenernos en ellas, es preciso saber si merece la pena iniciar el camino, pues este no será transitable si no estamos dispuestos a colocar la experiencia del equilibrio en la cúspide de nuestra escala de valores. O la serenidad es para nosotros lo absoluto, el valor supremo, o jamás llegaremos a ella.

Voto de serenidad

Siempre actuamos con vistas a algún objetivo que nos resulta valioso. Por ejemplo, adquirir conocimiento, despertar el interés amoroso de alguien, obtener beneficios en un negocio o el éxito en una publicación. De igual modo, cuando sufrimos es porque nos sentimos privados de cosas que nos resultan importantes: la salud cuando enfermamos, la seguridad cuando estamos ansiosos por el futuro o el fracaso cuando no logramos que nuestros proyectos lleguen a buen puerto. Tanto en el actuar como en el padecer estamos apegados a bienes de distinto tipo. Y cualquier apego destruye la calma.

Por eso el camino de la serenidad siempre ha estado asociado a la renuncia, así lo han entendido santos y mártires de todas las religiones. La paz interior implicaba recorrer la vieja y denostada senda del ascetismo. Solo que, para obtener éxito en la renuncia, la mayor parte de ellos ponían su vista en un bien superior, sea Dios o algún tipo de recompensa ultraterrena. En nuestro caso, al carecer de base confesional, no podemos echar mano de esas muletas. Si obtener la serenidad dependiera de profesar una determinada fe, solo estaría al alcance de unos cuantos afortunados, ya que no es posible creer por un acto de voluntad. La serenidad tiene que depender exclusivamente de nuestros medios para no ver comprometida su independencia. De ahí su carácter intrínsecamente laico y no religioso.

La paradójica estrategia de su consecución consistirá en *apegarnos* al estado de calma, convertirla en absoluto, en el bien superior. Eso no significa desvalorizar el resto de los bienes, sino ponerlos en segundo plano, subordinarlos a este. Como si se tratara de un amante celoso, entregaremos a la serenidad todo lo que amamos: nuestros hijos, nuestras propiedades, nuestros afectos, nuestros amigos, nuestros proyectos e incluso nuestra vida. Solo si esta entrega es incondicional la serenidad nos devolverá lo entregado con creces. En esto consiste el voto de serenidad: actuar siempre bajo la premisa de que la serenidad es el más importante de los bienes.

Unos cuantos ejemplos cotidianos aclararán el sentido de este voto: si estoy haciendo cola en el supermercado y ello me perturba, es porque lo que imagino hacer cuando termine la espera es más importante para mí que la serenidad; si temo enfermar, es porque la salud es más importante que la serenidad; si sufro porque no soy correspondido amorosamente, es porque el afecto de alguien es más importante que la serenidad; si me angustia la muerte de mis seres queridos, es porque me importa más su vida que la serenidad; si discuto agriamente con mi pareja sobre si la verdadera tortilla española incluye la cebolla, es porque llevar razón me importa más que la serenidad.

Pero ¿qué ocurriría si decidiéramos que la serenidad está

por encima de valores como la salud, el placer, la justicia, el amor, la razón o la vida? Con toda seguridad no perderíamos esos bienes, sino que nos serían accesibles sin la angustia que su logro y conservación acompaña. Si pongo la serenidad por encima de la vida, no me liberaré de la vida, sino del miedo a la muerte; si pongo la serenidad por encima de la salud, no perderé la salud, sino que me liberaré de la hipocondría. Y así sucesivamente en todos los casos mencionados.

No todo es tan sencillo, claro está, pues una cosa es mi jerarquía de valores explícita, la que soy capaz de reconocer de manera consciente, y otra la jerarquía implícita, la que me oculto a mí mismo. Puedo creer que mis valores superiores son la justicia y la generosidad cuando en realidad lo son la envidia y el afán redentor. Probablemente esta oscuridad sobre los verdaderos motivos de nuestras acciones sea la mayor causa de perturbación. Y aquí sí que nos topamos con una gran dificultad. Pues todos tenemos un punto ciego, un escondido sumidero del que brota la angustia y el malestar, una olvidada contraseña del programa responsable de nuestro sufrimiento. ¿Hay algún método para cerciorarnos de nuestros verdaderos intereses, un procedimiento para detectar los apegos? ¿Es posible intervenir de manera consciente y deliberada en dicha jerarquía de valores para situar la serenidad en la cúspide? ¿Es posible diferenciar los intereses saludables, que causan alegría, sin impedir la serenidad; de los patológicos, que causan pesar?

Descubrir lo que me perturba

Sí, por fortuna existe un método completamente sencillo, que lo único que exige es un diario, honestidad, atención plena, aceptación incondicional y un poco de constancia. Cualquier apego, por su naturaleza, ha de aflorar tarde o temprano en forma de sufrimiento, con la consiguiente perturbación de ánimo. El método consiste en hacer una breve parada cada vez que nos perturbe algo a fin de explorar nuestros sentimientos y sensaciones. Me preguntaré, mientras me observo introspectivamente, con una actitud de aceptación: ¿Qué me perturba? ¿Cuánto me perturba? ¿Desde cuándo me perturba? ¿Qué necesidad subyace a lo que me perturba? ¿Mediante qué sensaciones, pensamientos y emociones me perturba? Y para fijarlo y poder constatar su frecuencia e intensidad lo escribiré en la agenda del móvil o en un diario.

Lograré así un inventario de las figuras del sufrimiento. Pues en cierto modo todos estamos programados para sufrir, la naturaleza se ha ocupado más de garantizar nuestra supervivencia que nuestra felicidad. Tras 700 millones de años de evolución, nuestro cerebro ha aprendido que es más adaptativo estar alerta ante el

riesgo de ser atacados por un depredador que disfrutar relajadamente de un bonito paseo por la sabana. Para desprogramarnos,
es necesario estar atentos a lo que nos perturba, hace falta una
gran dosis de autoconocimiento. También aceptar la experiencia
negativa o dolorosa, pues el rechazo de cualquier sentimiento o
experiencia desagradable genera tensión e incrementa el nivel de
perturbación. Se precisa igualmente honestidad para reconocer
los motivos ocultos y, por último, constancia para perseverar en
el trabajo y elaborar un pequeño diario que nos ofrezca un pa-
norama de los apegos que destruyen nuestra serenidad.

Pongamos que sentimos un pequeño pinchazo de dolor cada
vez que observamos el reconocimiento que se brinda a alguna
persona de nuestro entorno. Por muy sutil que sea esta pun-
zada, debemos ser capaces de percibirla, para lo que tenemos
que estar atentos y detenernos. El siguiente paso es aceptar
ese dolor sin juzgarnos, sencillamente reconocer que está ahí
y que, por mucho que nos condenemos, no dejará de estarlo.
Después indagaremos sus motivos, probablemente la envidia
hacia el éxito ajeno provocada por nuestra baja autoestima, la
existencia de una herida por haber recibido escasa valoración
de nuestros logros o, directamente, el deseo irracional de querer acaparar toda la aprobación social. Hará falta mucho valor
y honestidad para explorar motivaciones que pueden resultar
vergonzosas y humillantes para la buena imagen que tenemos
de nosotros mismos. Por último, anotaremos la experiencia
para ir viendo su persistencia e intensidad en nosotros. Y se-
remos constantes en el proceso.

La práctica de este método nos permitió descubrir que una de nuestras mayores fuentes de perturbación era la impaciencia, la aceleración que poníamos en todo lo que hacíamos, fuese cual fuese la actividad realizada, el deseo compulsivo de terminar. Lo podemos denominar el *síndrome del estresado*. Otra fuente de malestar era un difuso sentimiento de culpa por no estar ocupándonos de los problemas de la sociedad mientras nos dedicamos en cuerpo y alma a nuestros proyectos personales, que bien podríamos llamar *síndrome del salvador*. O también el deseo de tenerlo todo bajo control, el miedo a lo impredecible e incontrolable del futuro, que despierta un sinfín de anticipaciones catastróficas y preocupaciones innecesarias. Lo que podríamos llamar el *síndrome del controlador*. Y, por último, la irritación derivada de pequeñas frustraciones cotidianas, como pérdida de objetos o fallos técnicos en los dispositivos móviles. Una suerte de *síndrome del niño mimado,* que no admite que sus deseos sean contrariados. Esta visión ecuánime sobre nosotros mismos era sin duda un primer peldaño que nos aproximaba a la serenidad.

No satisfechos con esta introspección, decidimos dar un paso más, preguntándonos si habría algún foco último del que dependieran todas las perturbaciones, una fuente universal de sufrimiento, lo que nos llevó a meditar sobre el budismo y el estoicismo. Si descubriéramos esa raíz, tal vez sería más fácil encontrar un remedio eficaz para todo tipo de dolencias anímicas.

En busca de la raíz última del sufrimiento

Para el budismo, el sufrimiento proviene de la avidez, del deseo con que nos aferramos a los objetos que nos dan placer y de la aversión con que huimos de los que nos causan dolor, por lo que la terapia contra el sufrimiento ha de consistir en extirpar esa doble raíz: avidez y aversión. Esa es la función de la sabiduría, que nos advierte de la impermanencia de todas las cosas. Presumiblemente, ese saber nos disuadirá de aferrarnos a ningún objeto que, por naturaleza, es efímero y evanescente. Nuestra desdicha proviene para el budismo de algo tan absurdo como querer agarrar el agua apretando el puño. Si logramos darnos cuenta de que el agua no puede ser apresada, soltaremos. Ese acto de soltar, de abrir los dedos, de relajar la mano, es el nirvana.

Esta es resumidamente la posición budista respecto al tema de la serenidad. De la que hemos de confesar con franqueza que hay algo que nos chirría, aun reconociendo su inmensa lucidez, y es el hecho de que parece condenar el deseo de manera general. Tal vez estemos equivocados en la interpretación del budismo, pero nos parece que es preciso hacer una distinción entre el deseo de ser mejor que los demás o de acumular riqueza respecto al de pintar un cuadro o dar un paseo para estirar las piernas. Por no hablar del deseo de contribuir a la felicidad de nuestros semejantes. Habría que aclarar, por tanto, si el estado de serenidad es incompatible con cualquier tipo de deseo. Si así fuera, admitiríamos la posición budista, aunque no pudiéramos dejar de pensar que una vida completamente privada de deseo es un alto precio a pagar por la serenidad.

De hecho, no han sido pocas las críticas que ha recibido el budismo por el aparente nihilismo que comporta la negación de todo deseo, que evoca en nuestra mente más la depresión que el gozo de vivir. Muy diferente en esto al taoísmo, que no exige renunciar a ningún tipo de placer, desde el más sublime de la belleza hasta el más terreno del amor carnal. Por el contrario, aconseja que cada uno cultive sus gustos preferidos, viva saludablemente y goce con plenitud de las dichas de la tierra y el cielo.

Tras una larga reflexión, convinimos en reinterpretar los postulados budistas respecto al deseo, diferenciando entre deseo y avidez. Esta última englobaría los deseos insaciables e irracionales, frente a los saciables y racionales del primero. El criterio para distinguirlos en la práctica es muy fácil y no requiere disquisiciones teóricas. Echando mano de otra tradición, el cristianismo, recordamos la frase de Cristo con la que respondió a quienes le interrogaban maliciosamente sobre el modo de distinguir a sus seguidores: «Por sus frutos los conoceréis». Pues bien, la experiencia del sufrimiento, la perturbación del ánimo es el fruto que nos permite reconocer la avidez, del mismo modo que la fiebre detectar la infección.

El sufrimiento también nos permite diferenciar entre aversión y temor; es decir, entre el terror irracional y excesivo a las experiencias dolorosas, y el miedo funcional que nos advierte de la presencia real de un peligro, imprescindible para nuestro bienestar y supervivencia. Por ejemplo, el miedo a la enfermedad o al daño potencial que puedan causarnos nuestros semejantes suscita en las personas sanas un temor de baja intensidad que puede ser vencido con dosis razonables de prudencia, mientras que en algunas personas este temor se desproporciona hasta el punto de convertirse en angustia vital, fobia social o ataques de pánico.

En general podemos distinguir cinco tipos de aversión o temor irracional. El generado por la anticipación de males reales pero inevitables, como la enfermedad, la vejez o la muerte. El que supone una respuesta desproporcionada al estímulo que lo provoca, como la mayoría de las fobias (a las arañas, las aves, los roedores, los espacios abiertos, a hablar en público o a viajar en avión). El que es provocado por amenazas inexistentes, como fantasmas, demonios o perseguidores imaginarios. El que responde a amenazas posibles pero improbables, como a ser atracados, a que se desplome un edificio a nuestro paso o a que un coche se salte el paso de cebra y nos atropelle. Y, por último, el que es generado por el propio miedo: el miedo al miedo. Por ejemplo, cuando el terror a sufrir un ataque de ansiedad es tan intenso que provoca el ataque de ansiedad.

Para ordenar nuestros pensamientos apelamos por último a otra vieja sabiduría, el epicureísmo, que desde presupuestos diferentes al budismo también perseguía la tranquilidad mente-cuerpo, desactivando miedos ancestrales y haciendo una sutil distinción entre placeres. Y así Epicuro distinguía tres clases de placeres: los *naturales y necesarios* (comer, beber, respirar o protegerse del frío, que alivian del dolor), los *naturales pero no necesarios*, que son variaciones superfluas de los naturales (comer bien o vestir bien, incluyendo los que con base en la naturaleza no eran imprescindibles para sobrevivir, como la gratificación sexual, el conocimiento o la amistad) y, por último, los *no naturales ni necesarios*, que son los que nos brindan la fama, el honor, el poder o el dinero, que son completamente artificiales y que, sin aliviar dolores del cuerpo, perturban el alma. La conclusión evidente es que los dos primeros tipos de placer deben perseguirse mientras que el último debe evitarse, si es que nos importa realmente alcanzar una vida serena.

Justo cuando estábamos enfrascados en la sabiduría epicúrea cayó en nuestras manos el libro de André Gide *Alimentos terrenales*, que representa un apasionado alegato de dicha sabiduría y que arroja nueva luz sobre la relación entre serenidad y gozo de vivir. Confirmaba nuestra intuición de que era necesario distinguir entre dos tipos de deseos: aquellos cuya satisfacción depende de nosotros y aquellos que no. La filosofía de André Gide es, en apariencia, una antítesis del budismo, hasta el punto de que llega a decir: «Mi hambre es lo más bello que he conocido sobre la tierra».

Simplificando hasta el límite su propuesta, en ella el mundo es descubierto como un enorme banquete que alberga infinidad de placeres capaces de despertar y saciar cualquier sed. Pero para gozar de ese banquete es necesario amar las cosas sin quedarse ligado a ninguna en particular, saborear sin apego, estar abiertos a la novedad, comprender que todo disfrute es pasajero y renunciar a imponer nuestros deseos al mundo. En resumen, no hacerse expectativas ni planificar, sino desear lo que nos va saliendo al encuentro: desear marchar donde empieza un camino, desear descansar cuando surge una sombra, desear nadar al pasar por un riachuelo o desear amar al borde de cada lecho. Y cosa muy importante, gozar solo de aquellos bienes que se dan en abundancia y pueden ser compartidos por todos.

Estas conclusiones han sido confirmadas en nuestros días por numerosos experimentos científicos que evalúan el bienestar subjetivo de las personas en diferentes circunstancias y a lo largo del tiempo. De ellos se desprende que la felicidad no depende de las condiciones objetivas: edad, riqueza, salud, etcétera, sino de la correlación entre las condiciones objetivas y las expectativas subjetivas de la persona. Lo que quiere decir que si uno desea un modesto piso de protección oficial y lo obtiene será más feliz que quien desea un palacio y solo tiene un chalet junto al mar. Esto explicaría cómo en un lapso de tiempo inferior a un año la sensación que nos produce una gran desgracia y una gran fortuna tienden a igualarse. A quien le toca la lotería, por ejemplo, el aumento de las expectativas subjetivas sobre lo que puede obtener de la vida a partir de ese momento hace que se rebaje su nivel de satisfacción; mientras que quien se queda inválido por un accidente de tráfico, al disminuir sus expectativas, puede llegar a ser tan feliz como era antes. Si nos cuesta admitir esta sencilla verdad es porque de manera inconsciente tendemos a proyectar nuestras expectativas actuales sobre cada uno de los ejemplos. Es decir, nos imaginamos de pronto que somos ricos o inválidos, pero con el nivel de expectativas que tenemos en este momento.

Estemos más o menos de acuerdo con las distinciones de Epicuro y la filosofía de André Gide, es difícil negar que existen deseos homeostáticos, que tienden al equilibrio y pueden calmarse, y deseos de naturaleza insaciable, que son fuente permanente de perturbación. Por lo que serían cuatro y no dos las causas del sufrimiento que turban la serenidad: no satisfacer aquellos deseos que dependen de nosotros (ascetismo y privación innecesaria), intentar satisfacer a toda costa los que no dependen (avidez), no evitar los peligros reales que depende de nosotros prevenir (temeridad), e intentar evitar a toda costa los improbables, imaginarios o inevitables (aversión).

En general, la avidez de placer y la aversión al dolor están presentes en las *adicciones*, donde se canalizan hacia el consumo de sustancias o la realización de determinadas acciones (alcohol, juegos de azar, nicotina, café, comida, sexo, etc.), y en las *pasiones* o apegos, donde, mediante el concurso de la imaginación, son dirigidas a un objeto absoluto cuya posesión tendría el poder mágico de extinguir el deseo y anular el temor. Hay tantas pasiones como objetos imaginarios: el placer permanente para el glotón, la universal admiración para el vanidoso, la perfección para el moralista, la superioridad sobre todos para el soberbio, el poder absoluto para el dominante, la posesión de todos los bienes para el codicioso, la exclusividad para el envidioso, la ausencia de peligro e incertidumbre para el cobarde.

A pesar de su diferencia, late en todas ellas la misma sed originaria. Sed que no podría existir sin el espejismo creado por la imaginación de que un determinado bien saciará nuestro deseo y sosegará nuestro temor. Cuando esta creencia se desvanece por efecto del despertar, la avidez cesa. Sucede al darse cuenta de que ningún bien calmará al codicioso, ningún aplauso al vanidoso, ninguna seguridad al cobarde. Siempre faltará algo, pues toda pasión es una forma de insuficiencia. Esa es la función terapéutica de la sabiduría.

Una vez halladas en la avidez y la aversión la raíces del sufrimiento, el origen de los deseos y temores insaciables e irracionales, nos proponíamos comprender cuáles son las características de una vida subyugada a este terrible amo, los efectos psicológicos y morales que produce en sus víctimas. Lo que podríamos denominar una rudimentaria *fenomenología del sufrimiento*. Tomaremos como ejemplos la vanidad: el deseo compulsivo de gustar, de ser reconocido y admirado; y la envidia, la tristeza por lo bueno que le pasa a los demás ¿Cuál es el perfil existencial de la persona vanidosa y envidiosa, que comparten todos los modos de sufrir?

Se trata, en primer lugar, de personas centradas exclusivamente en sus necesidades, ignorando las de quienes les rodean. Todo sufridor es egocéntrico.[1]

En segundo lugar, fijan su atención en la carencia y no en la abundancia, en lo que les falta y no en aquello de que disponen. La pasión los vuelve indigentes. En el caso de la vanidad, indigentes de aprobación ajena; en el caso de la envidia, indigentes de los bienes ajenos sobrevalorados por encima de los propios.

En tercer lugar, devalúan el presente en beneficio del pasado y el futuro. Viven en la ausencia y no en la presencia, están expulsados del aquí y el ahora. El vanidoso vive en la constante aspiración del aplauso, el envidioso en el temor constante a la fortuna del prójimo.

En cuarto lugar, se conciben a sí mismos como seres incompletos, alguien que solo vale la pena si logra su objetivo, que está fuera de él. De ahí su dependencia. Dependencia de la aprobación ajena en la vanidad o dependencia de los éxitos de otros en la envidia.

En quinto lugar, no aceptan la realidad, ante la que reaccionan con rechazo y desprecio. No acepta pasar desapercibido el vanidoso, no acepta el disfrute del otro el envidioso.

---

1. Incluso cuando adopta la apariencia superficial de abnegación y falsa generosidad, lo que late en el fondo, si es que hay sufrimiento, puede ser deseo de control, superioridad redentora, masoquismo psicológico, generación de deudas afectivas o desvío de la atención a las necesidades ajenas para no ver las propias. La verdadera generosidad carece de esas motivaciones y se diferencia de la falsa porque induce estados de alegría, no de pesar.

En sexto lugar, esta dependencia del exterior los hace completamente vulnerables al sufrimiento, adopte este la forma de frustración, decepción, culpa o miedo, ya que no está en su mano darse completa satisfacción. Por mucho que lo pretenda el vanidoso, el reconocimiento siempre proviene de la voluntad de otros que no controla; por mucho que lo pretenda el envidioso, no podrá evitar que les pasen cosas buenas a otras personas.

En séptimo lugar, son ignorantes en cuanto a la naturaleza del placer que anhelan, creyendo erróneamente que serán felices cuando consigan el objetivo y satisfagan su deseo. El vanidoso ignora que si obtiene el aplauso deseado volverá a desear más aplausos y temerá perder el que ya tiene. El envidioso desconoce que no tendrá jamás un goce estable por el hecho de que fracasen los otros, pues no podrá escapar al temor de sus posibles éxitos.

En último lugar, ambas figuras malgastan su energía en lo que no depende de ellos, restándosela a lo que sí depende. Están separados de su poder. Cuánta energía consumida en lo imposible: intentar gustar a toda costa a los demás o frustrar la felicidad ajena. El modo de vida gobernado por la avidez-aversión es al que las tradiciones espirituales de Oriente y Occidente denominan *ego* o *egocentrismo*.

TÉCNICAS PARA EL LOGRO DE LA SERENIDAD

«No basta con alcanzar la sabiduría, es necesario saber utilizarla.»
CICERÓN

«El que aprende y no practica lo que sabe
es como el que ara y no siembra.»
PLATÓN

El logro de la serenidad se basa en el cultivo
de una serie de reglas, extraídas de venerables tradiciones
como el estoicismo, el budismo, el taoísmo o el chamanismo,
y ratificadas en muchos casos por la psicología actual.
Estas son, a nuestro modo de ver, las fundamentales.

1. Visualización negativa

«La vida es como un arcoíris;
se necesita lluvia y sol para apreciar los colores.»
RAMAIYA

«A menudo debe ser advertido nuestro ánimo
para que ame los bienes como cosas que van a irse,
o incluso como cosas que ya se están yendo.
Aprended a vivir en la fuga.»
SÉNECA

Su fin es afrontar la insaciabilidad de los deseos humanos. Debido al proceso de adaptación hedónica o habituación, cualquier cosa que deseamos acaba provocándonos tedio cuando la conseguimos, lo que nos fuerza a desear de nuevo con la creencia de que alcanzar el nuevo objeto de deseo nos dejará satisfechos. La serenidad exige revertir este proceso para que no demos por sentadas las cosas que ya poseemos: pareja, trabajo, hijos o salud. El secreto de la paz interior está en aprender a disfrutar de lo que tenemos, a sabiendas de que quien desea lo que no tiene nunca tiene lo que desea.

La técnica consiste en imaginar vivamente que hemos perdido aquello que valoramos: nos quedamos sin trabajo, caemos enfermos o mueren nuestros allegados. Hacer una pausa para pensar que todo lo que nos complace nos puede ser arrebatado es un poderoso antídoto a la adaptación hedónica, ya que al pensar conscientemente en la pérdida de lo que tenemos recuperamos nuestro aprecio por ello y se reactiva nuestra capacidad de gozo.

Lógicamente, no debemos permitir que la visualización nos produzca dolor emocional, nos robe la serenidad. Para evitarlo, en primer lugar, limitaremos la práctica a unas cuantas veces al día. En segundo lugar, debemos recordar que hay una diferencia entre *contemplar* que algo malo suceda y *preocuparse* por ello. La contemplación es un ejercicio intelectual que no tiene por qué afectar a nuestras emociones.

El supuesto de la técnica es reconocer que todo es perecedero, que tarde o temprano lo perderemos todo, incluida nuestra propia vida y la de los seres que amamos. Imaginar cuando estoy con un amigo que puede ser la última vez hace que no dé su amistad por sentada y se vuelva más relevante el encuentro. Séneca lleva más lejos esta técnica, hasta el punto de que estima que deberíamos vivir como si cada instante fuera el último. Los estoicos juzgan con razón que, en vez de pasar el tiempo pensando en lo que no tenemos, es más provechoso para nuestra felicidad pensar en cómo echaríamos en falta lo que tenemos si lo perdiésemos.

Una variante de esta técnica es pensar en las cosas negativas que le suceden a otros, y que también a nosotros nos podrían suceder. No desde la actitud de quien es indiferente a la desgracia del prójimo, sino de quien, reconociendo que todos somos igual de vulnerables a la mala fortuna, agradece su buena suerte.

Para ejercitar la técnica, de vez en cuando, durante el día, detente y pregúntate: «¿Qué es lo peor que me puede pasar?». No desde la preocupación (emoción), sino desde la razón (intelecto).

Imagina que acabas de perder aquello que valoras.

Reflexiona sobre el hecho de que no vivirás para siempre y que, por tanto, este día podría ser el último.

Recuerda, como decía Séneca en *El arte de la buena vida*, que todo lo humano es efímero y perecedero. Al considerar la impermanencia estamos obligados a reconocer que cada vez que hacemos algo podría ser la última, y este reconocimiento puede investir a nuestros actos de un significado e intensidad que de otra forma estarían ausentes.

Otra variante que nos puede ayudar a relativizar las preocupaciones, diferenciando lo verdaderamente importante de lo que no lo es, consiste en imaginar que nos quedan tan solo cinco años de vida y percibir nuestra preocupación desde esa perspectiva. Probablemente nos daremos cuenta de que no es digna de quitarnos la serenidad. Que sean cinco años tiene su lógica, pues si tomamos como referencia un tiempo demasiado corto podríamos caer rehenes de la angustia y no dar cabida a proyectos interesantes que requieren maduración. Pero no visualizar ningún límite, vivir como si fuéramos eternos, es el perfecto caldo de cultivo para las preocupaciones innecesarias y los sufrimientos inútiles.

2. El trinomio del control

«Si tiene remedio, ¿por qué te quejas?
Si no lo tiene, ¿por qué te quejas?»
PROVERBIO ORIENTAL

«No te lamentes nunca de lo que no puede ser cambiado.»
ANDRÉ MAUROIS

El sabio estoico, en su relación con la vida, tratará de diferenciar en cada momento lo que depende de él y lo que no depende. Solo a lo primero lo calificará propiamente de bueno o malo, porque es objeto de su decisión, mientras que a lo que no depende, el destino, lo considera indiferente.

Esta era sin duda la regla fundamental del estoicismo. Descansa en el supuesto de que para encontrar la felicidad es más fácil cambiarte a ti mismo que cambiar el mundo. La clave es aceptar que unas cosas dependen de nosotros y otras no, y que cuando deseamos cosas que no dependen de nosotros nos frustramos y perdemos la serenidad. El objetivo es no malgastar nuestras energías con lo que no está a nuestro alcance y dedicarlas por entero a lo que sí lo está.

Para ejecutarla correctamente, hay que clasificar los aspectos de cada situación vital en relación con nuestro grado de control, estableciendo tres grupos: sobre los que tenemos un control absoluto, como los objetivos vitales, pensamientos, acciones e intenciones; sobre los que no tenemos ningún control, como la mortalidad, la vejez, la enfermedad o el paso del tiempo; y sobre los que tenemos un control parcial, como obtener un determinado empleo, vencer en un deporte o publicar un libro. Una vez hecha la clasificación, consideraremos que no vale la pena preocuparse por los incluidos en la segunda categoría: aquellos sobre los que no tenemos ningún control, lo que nos ahorrará una gran dosis de ansiedad y frustración. Nos ocuparemos en cambio de aquello sobre lo que tenemos un control total o parcial, aunque esta división requiere un breve comentario.

Es evidente que existe una gran cantidad de actividades que dependen parcialmente de nuestro esfuerzo y tesón, como la victoria en un deporte, encontrar un empleo o conservar el amor de nuestra pareja, sin que su resultado este completamente bajo nuestro control. Dejar en manos del destino este tipo de actividades por mor de la serenidad puede resultar acertado, pero implicaría renunciar a una enorme cantidad de objetivos cuyo cumplimiento puede resultar satisfactorio. Por lo que parece sensato diferenciar nuevamente dentro de estos objetivos los que dependen de nosotros de los que no, concediendo un mayor peso a los primeros, sin por ello renunciar completamente a los segundos. Nos explicaremos: si jugamos un partido de tenis, pondremos nuestro deseo no en ganar, que no depende de nosotros, sino en darlo todo en la cancha, que sí depende de nosotros. Si deseamos el amor de una persona, nos centraremos menos en ser correspondidos que en hacernos dignos de ese amor. De ese modo nos ponemos a salvo de la frustración y aumentamos las probabilidades de que el destino nos sea favorable.

El estoicismo clásico, centrado en la virtud, era mucho más drástico y distinguía tan solo entre dos opciones. Valoraba únicamente lo que depende de nosotros: nuestra intención moral, la voluntad de hacer el bien o el sentido que damos a los acontecimientos. Lo que no depende de nosotros corresponde al encadenamiento necesario de las causas y de los efectos; es decir, al destino, sea el curso de la naturaleza o las acciones de los demás hombres. Como indica Pierre Hadod, el más prestigioso intérprete de la tradición estoica, son entonces indiferentes para el sabio estoico la vida y la muerte, la salud y la enfermedad, el placer y el sufrimiento, la belleza y la fealdad, la fuerza y la debilidad, la riqueza y la pobreza, la nobleza y la baja condición, las carreras políticas, porque todo esto no depende de nosotros, y debe, en principio, sernos indiferente, es decir, no debemos introducir en ello diferencias, sino aceptar lo que sucede como deseado por el destino.

Una aplicación especialmente útil de esta herramienta psicológica es combatir el sentimiento de culpa, los remordimientos que nos provoca la percepción de haber violado nuestros principios y valores. Representa un caso paradigmático de cómo nuestra atención y energía se focalizan en el pasado, en lo que no podemos cambiar, en vez de en lo que sí depende de nosotros, que es reparar el daño y aprender de la experiencia para que no se vuelva a repetir. Cuando murió nuestro perro Xandro, a pesar de haber sido un perro feliz, nos atormentó durante un tiempo el recuerdo de esos días en que nos incitaba a jugar, pero estábamos demasiado ocupados para hacerle caso. Se trataba de un dolor inútil, tan inútil como golpear los puños contra el muro de lo irrevocable. Hasta que nos dimos cuenta de que lo único que podía devolvernos la serenidad era prestar toda nuestra energía y atención a nuestro nuevo compañero, Yako. Esa era la lección de la culpa y estaba en nuestro poder ponerla en práctica.

Para ejercitar está técnica, piensa en una situación que te resulta angustiosa y te roba la serenidad.

Ahora contesta:

- ¿Qué es lo que no controlo de esta situación, que no depende de mí?
- ¿Qué es lo que estoy intentando controlar? (Puede que algunas cosas se repitan.)
- ¿Qué podría controlar (que está en mis manos) ahora mismo que no estoy controlando? A veces estamos tan centrados en lo que no podemos controlar que nos olvidamos de la otra posibilidad.

Otra aplicación imprescindible de esta técnica es la superación de los trastornos de ansiedad, el insomnio entre ellos. Es sabido que la imposibilidad de conciliar el sueño o de sostenerlo a lo largo de la noche afecta a un tercio de la población. Lo perverso del mecanismo del insomnio es que escapa a nuestro control consciente, que solo consigue agravarlo. Conciliar el sueño, como lograr una erección o tener apetito, no depende de nuestra voluntad, todo lo contrario; cuando nos empeñamos en dormir aumenta nuestra frustración y nerviosismo, lo que hace que nuestro sistema nervioso simpático, responsable del insomnio, se afiance en la sensación de peligro. Se trata de un bucle desesperado: el afán de dormir nos quita el sueño.

¿Cuál es entonces la salida? Enfocar la atención en lo que depende de nosotros, que es relajarnos, y apartarla de lo que no depende, que es conciliar el sueño. Paradójicamente, cuando logramos relajarnos en la cama practicando una serie de técnicas de respiración, sin pretender forzar el sueño, el sistema simpático recibe la señal de que no hay peligro y nos permite dormir. El tigre se amansa cuando dejamos las armas y permitimos que nos olfatee.

Repite de manera habitual la plegaria con la que comienzan sus reuniones la asociación Alcohólicos Anónimos, que sintetiza la sabiduría estoica: «Señor, concédeme serenidad para aceptar las cosas que no puedo cambiar, valor para cambiar las que sí puedo, y sabiduría para discernir la diferencia».

3. Aceptar el destino

«Aquello a lo que te resistes persiste.
Lo que niegas te somete, lo que aceptas te transforma.»

C. JUNG

«Sábete, Sancho, que todas estas borrascas que nos suceden
son señales de que presto ha de serenar el tiempo
y han de sucedernos bien las cosas, porque no es posible
que el mal ni el bien sean durables, y de aquí se sigue que,
habiendo durado mucho el mal, el bien está ya cerca.»

CERVANTES

Esta técnica bien podría traducirse de manera más actual como *aprender a soltar*. Su formulación más clara aparece en Epicteto: «No procures que lo que sucede suceda como lo quieres, sino quiere que lo que sucede suceda como sucede, y serás feliz». Lo que no implica dejar de desear, sino practicar una disciplina del deseo que invierta su lógica habitual: en vez de tener lo que se desea, desear lo que se tiene. Como plantea

André Gide: «Que cada espera, en ti, no sea ni siquiera un deseo, sino sencillamente una disposición para recibir. Espera todo lo que viene a ti, pero desea solo lo que venga a ti. No desees sino lo que tienes».

Para no hablar solo de los estoicos, nos referiremos en este caso a lo esencial de la sabiduría taoísta, resumida en su propuesta de la *no acción, Wu wei,* que cabe interpretar como *no interferencia en el orden del universo,* al que se estima dotado de una sabiduría intrínseca. No interferencia que podría traducirse por *ley del mínimo esfuerzo*, si esta expresión no tuviera una connotación tan negativa en una cultura como la occidental, obsesionada con la producción, pues la prueba de que estamos en armonía con el cosmos es la espontaneidad y fluidez de nuestras acciones. El esfuerzo delata siempre una resistencia a lo que es.

No acción no significa pereza ni pasividad, sino, como indica Alan Watts, la actitud de no forzar las cosas, de no querer imponer un ritmo a la corriente de la vida. Es aprender a fluir, a moverse sin ruido en los procesos vitales, confiar en la vida. Justo lo contario de la actitud egocéntrica, que pretende acomodarla a los propios proyectos narcisistas. La *no acción* se manifiesta en el crecimiento silencioso de un árbol, en el movimiento del agua que circula río abajo sorteando los obstáculos sin oponer resistencia. Y es la base de todas las artes marciales, como el karate o el judo, donde se vence al rival con la propia energía que este despliega en el ataque.

El siguiente cuento ilustra perfectamente el concepto de *Wu wei*, la aceptación y ecuanimidad ante el destino del sabio taoísta.

En un tranquilo país, había un granjero al que todos sus paisanos consideraban un hombre muy afortunado por tener un caballo que utilizaba para labrar y transportar la cosecha. Pero un día el caballo se escapó.

La noticia se extendió rápidamente por todo el pueblo y al llegar la noche, los vecinos fueron a consolar al granjero por aquella grave pérdida:

–¡Qué mala suerte has tenido! –le decían todos cuando hablaban con él. Y el granjero siempre daba la misma respuesta:

–Tal vez, quién sabe.

A los pocos días, el caballo regresó con el granjero, trayendo consigo dos yeguas que había encontrado en las montañas. En cuanto los aldeanos se enteraron de la noticia, acudieron raudos a casa del granjero para darle la enhorabuena y celebrar su buena suerte. Sin embargo, ante esos comentarios, la respuesta fue igual de sencilla:

–Tal vez, quién sabe.

Al día siguiente, el hijo del granjero trató de domar a una de las yeguas, pero esta lo arrojó al suelo y el joven se rompió una pierna. Nada más enterarse del accidente, los vecinos fueron a casa del granjero para visitar al herido y lamentar la mala suerte que había tenido su hijo.

Una vez más, la respuesta del granjero se repitió:

–Tal vez, quién sabe.

Al cabo de una semana, al pueblo llegaron los oficiales de reclutamiento, con la intención de llevarse a todos los jóvenes al ejército. Cuando los oficiales visitaron la casa del granjero, encontraron a su hijo herido en la cama, así que no lo aceptaron para el ejército por tener una pierna rota.

Esa misma tarde, los aldeanos que acababan de despedirse de sus hijos, ya que habían sido reclutados por el ejército, se reunieron en la taberna para comentar la buena suerte que había tenido el granjero. A lo que este nuevamente contestó:

–Tal vez, quién sabe.

La tradición estoica, tal y como nos ha llegado de Séneca, Epícteto o Marco Aurelio, guarda analogías con el taoísmo y su filosofía de la no acción, defendiendo reducir al mínimo el margen de interferencia en el fluir de la vida, único modo de atesorar energía vital y no desperdiciarla inútilmente.

El resultado de esta convicción es que deberíamos desear que los acontecimientos sucedan como suceden, deberíamos procurar que nuestros deseos se acomoden a los acontecimientos en vez de pretender que los acontecimientos se adapten a nuestros deseos. Lógicamente, nos referimos solo a todo aquello que no depende de nosotros. Aceptar que tengo altos niveles de colesterol o sobrepeso no implica que haya de resignarme a mantener la mala alimentación que los ha causado.

Si en la visualización negativa el ejercicio consistía en pensar cómo nuestra situación podría ser peor, con esta técnica nos negamos a pensar que podría ser mejor.

Como indicamos al principio, aceptar el destino puede expresarse como aprender a soltar, ya que solo es capaz de soltar quien acepta el invencible e incomprensible movimiento del mundo, que desborda toda previsión y excede todo poder individual. Esta regla resulta imprescindible sobre todo para personas que padecen de ansiedad debido a una excesiva voluntad de control. Nos solemos agotar queriendo controlar el curso de nuestras vidas, lo cual es absurdo y nos condena a estar siempre desbordados. Se trata de despertar a la ilusión del control, aceptar que no somos omnipotentes ni omniscientes, que el desorden y la incertidumbre son inherentes a la existencia, y que no tolerarlos nos condena a una vida agotadora.

Un ejercicio que puede emplearse por parte de la persona ansiosa, que se pasa la vida anticipando los peores escenarios y practicando el catastrofismo, es aprender a diferenciar entre lo posible y lo probable, de forma que, cuando un resultado incierto tenga menos del 50% de probabilidades de ocurrir, lo ignoraremos como si fuera imposible. Querer estar preparado ante todos los horrores posibles supone someter al organismo a un estrés tan innecesario como autodestructivo: en términos de mera posibilidad me puedo morir en cada instante, mis seres queridos pueden tener justo ahora un accidente, puedo estar a las puertas de un terremoto que arrasará mi hogar, puede sonar la llamada que me comunica que he sido despedido del trabajo o, cada vez que salgo a la carretera, puede dormirse el conductor con el que me cruzo.

Otro ejercicio es pensar no solo en el problema sino en la solución. Se ha demostrado que, en todo tipo de cavilaciones, la persona se concentra en el problema y sus consecuencias, y no en las posibles soluciones que pudiera imaginar o poner en marcha. Por lo que, si no somos capaces de silenciar la mente y centrarnos solo en lo probable, al menos para disminuir la ansiedad de control, nos queda el recurso de imaginar las respuestas que podemos dar a ese problema anticipado.

También puede ser de gran ayuda recordar todas las cosas que hemos temido y que finalmente no han pasado. Tanto para darnos cuenta de la angustia inútil que nos generó como para sentirnos felices porque no hayan sucedido.

Puede resultar útil saber que, según un estudio de la Universidad de Pensilvania (Estados Unidos), de media el 91% de las preocupaciones de las personas no se hacen realidad. En la investigación participaron una treintena de personas con trastorno de ansiedad generalizada, quienes tenían que escribir en un papel todo lo que les preocupaba durante un mes. Algunos de ellos vieron que no se hizo realidad ni una sola de sus preocupaciones. A la vista de los resultados, no tiene mucho sentido dejar que ese 9% nos quite el sueño.

Pero, si no te fías del resultado de estos experimentos, puedes comprobarlo por ti mismo. Escribe en una hoja cada una de las preocupaciones que te asaltan, de los escenarios catastróficos que anticipas, y verifica al cabo de un tiempo cuántos de ellos se han cumplido en la realidad. Te sorprenderá darte cuenta de la capacidad de fabulación que tiene tu mente.

Para concluir, es precisa una aclaración. Aceptar el destino no significa aprobar o dar por buenas las injusticias sociales, ni tampoco negarse a combatirlas. Por el contrario, la búsqueda de la paz interior no puede separarse del empeño en pacificar los entornos donde realizamos nuestras vidas, ni de la responsabilidad de conquistar el bien común en cooperación con otros. Solo que desde nuestro punto de vista este compromiso no puede llevarse a cabo mientras no hayamos pacificado previamente nuestro mundo personal, pues de otro modo generaremos más violencia e injusticia, además de ser ineficaces al no enfocar toda nuestra energía en aquello que depende de nosotros.

Nuestra experiencia en grupos y organizaciones nos advierte de cómo las causas más nobles se envilecen a menudo por motivos tan mezquinos como envidias, luchas por el poder o afán de protagonismo; el narcisismo de las pequeñas diferencias del que hablaba Freud, que erosiona desde dentro cualquier proyecto de fraternidad. Personalidades tan diversas como el Buddha, el emperador romano Marco Aurelio, Gandhi o Nelson Mandela han demostrado que la serenidad es la mejor arma para combatir la injusticia y mejorar el mundo.

4. Atención plena

«Trata de aprender a respirar profundamente,
a saborear la comida cuando comes
y, cuando duermas, a dormir como un tronco.
Intenta estar vivo de verdad con todas tus fuerzas,
y cuando rías, ríe hasta partirte de risa.
Y cuando te enfades, enfádate bien.
Trata de estar vivo.
Porque ya estarás muerto suficientemente.»

ERNEST HEMINGWAY

La atención plena, también llamada mindfulness, *es la atención deliberada y sin juicio al momento presente.* Atención, porque se trata de un acto de plena receptividad; deliberada, porque implica propósito y determinación; sin juicio, porque no se trata de valorar o censurar lo que hay, sino de percibirlo tal y como es, y aceptarlo sin condiciones.

Hay en su ejercicio, pues, algo intencional como en la práctica del fluir a la que después nos referiremos, ya que en su estado habitual la mente no deja de proyectar de forma automática y compulsiva sobre el mundo sus expectativas, en forma de deseo y aversión. No podemos, si no es voluntariamente, dejar de rumiar y cavilar. Es preciso un fuerte entrenamiento para dejar de identificarse con los pensamientos que nos invaden de forma ininterrumpida, aprender a hacer el silencio interior.

Los fundamentos de la práctica del mindfulness a juicio de Jon Kabat-Zinn serían los siguientes:

- *No juzgar* la experiencia, frente a la tendencia automática de la mente a calificar lo que percibimos como bueno si es agradable, malo si es desagradable, o neutro si no despierta ningún interés.
- *Ser paciente*, lo que implica estar abiertos a lo que surge en cada momento dejando que se despliegue a su propio ritmo.
- Adoptar *mente de principiante*, es decir, ver todo como si fuera la primera vez, sin que las creencias y conocimientos previos que tenemos de las cosas nos impidan verlas tal y como son.
- *Confiar* en la sabiduría intrínseca de nuestro propio ser.
- *No forzar* la experiencia ni tratar de hacer nada con lo que aparece, sencillamente limitarse a prestarle atención.
- *Aceptar,* ver las cosas como realmente son en el momento presente, con independencia de nuestros deseos y temores, de lo agradables o desagradables que nos puedan resultar.

• Aprender a *soltar*; es decir, no aferrarnos a los pensamientos, sentimientos y situaciones que aparezcan en la mente, limitándonos a observar cómo nacen y desaparecen, que es en lo que consiste realmente el desapego.

En general, la práctica de la atención plena es asombrosamente sencilla, como indica uno de sus principales maestros, Thich Nhat Hanh, en su libro *Cómo lograr el milagro de vivir despierto*. El practicante, cuando ande, debe ser consciente de que está andando; cuando esté sentado, debe ser consciente de que está sentado, y cuando esté tumbado, debe ser consciente de que está tumbado. Consciente de cada respiración, de cada movimiento, de cada pensamiento, de cada sentimiento. Su secreto radica en entregarse de manera incondicional al momento presente.[1]

---

1. Para contrastar este capítulo con una autoridad indiscutible en el campo de la meditación budista –antecedente del mindfulness–, decidimos ponernos en contacto con el maestro Dhiravamsa, a fin de conocer su opinión sobre aquellas técnicas de este libro que directa o indirectamente han sido extraídas de esa venerable tradición. La evaluación favorable de Dhiravamsa supone un gran respaldo a nuestro trabajo, y también le agradecemos su oportuno consejo a los lectores: «El uso o la aplicación de cualquier técnica requiere una clara comprensión e inteligencia por parte de quienes las aplican, tal y como dice el refrán chino "una buena técnica utilizada por la persona equivocada, además de no ser efectiva, puede convertirse en un obstáculo". De acuerdo con el *Dharma* de Buda, la serenidad alcanzada puede conducir a la liberación de la mente o libertad mental a través de la práctica sistemática de la meditación de la calma, técnicamente conocida como *Samatha*. Más adelante, con la práctica apropiada de la *vipassana* (meditación del *insight* o de la visión profunda), puede emerger, crecer y expandirse de forma abundante una sabiduría perfecta».

La atención plena es una de las técnicas más eficaces para alcanzar la serenidad. Desde 2010 se han publicado más de mil estudios científicos sobre mindfulness. Estos avalan que las personas entrenadas en esta técnica gestionan mejor las emociones desagradables, se deshacen de pensamientos angustiosos, logran disminuir la ansiedad y las preocupaciones, reducen el estrés, aumentan las emociones positivas y se vuelven más empáticas y compasivas con sus semejantes.

La atención plena puede practicarse de manera informal en la vida cotidiana, como cuando comes atentamente, paseas con plena consciencia o incluso cuando lavas los platos. Un buen ejercicio de mindfulness informal es parar de vez en cuando en nuestros quehaceres diarios para prestar atención al momento presente, empezando por hacernos conscientes de la respiración. Centrándonos a continuación en las sensaciones ambientales, procedentes del exterior: sonidos, vista, olores, tacto…, y en las internas: sensaciones corporales, pensamientos y emociones, finalizando con la vuelta a la respiración.

O también de manera formal, que se basa en mantener la atención sobre un objeto, que puede ser:

- La respiración: en ese caso, ponemos toda la atención en el aire que entra y sale por la nariz y atraviesa los orificios nasales, en el frío al inspirar y el calor al exhalar. No hay que forzar ni controlar la respiración, sino acompañarla con suavidad. Esto permite un sosiego casi inmediato.
- Un objeto material: una vela, una flor, un *mandala*. Toda

la atención se centra en él hasta que lentamente la mente se va calmando y llega al estado meditativo.

• Sonidos: a través de la repetición de sonidos específicos de campanas, cánticos, mantras…, se van aposentando los pensamientos, preocupaciones y emociones, facilitando un estado de profunda serenidad.

Especialmente aconsejable es esta breve meditación formal –de tan solo un minuto–, centrada en la respiración para recuperar la serenidad en cualquier lugar y momento. Estés donde estés, respira profundamente. Inspira lenta y relajadamente a través de la nariz dirigiendo el aire al abdomen. Siente cómo se expande tu estómago llenándose de energía vital que va irradiando al resto del cuerpo. Después de mantener el aire un par de segundos, déjalo salir por la nariz al mismo ritmo al que lo has inhalado. Repítelo varias veces. Céntrate solo en tu respiración. Si tu mente se distrae, no pasa nada, vuelve a centrarla en la respiración.

Si quieres, puedes incluir en esta meditación la repetición de una frase a modo de mantra en el momento de la exhalación. Frase que habrás creado para contrarrestar aquello que te dificulta la serenidad. Por ejemplo: «Aquí y ahora me siento relajado y en paz» si eres proclive a la ansiedad, o «Disfruta del momento, no hay prisa» si eres propenso a la impaciencia. Piensa que repetir una frase en estado meditativo tiene un efecto autohipnótico y actúa directamente sobre el inconsciente.

5. Aprender a fluir

«Los mejores momentos suelen suceder
cuando el cuerpo o la mente de una persona
han llegado hasta su límite en un esfuerzo voluntario
para conseguir algo difícil y que valiera la pena.
Para un niño puede ser poner con sus temblorosos dedos
el último bloque de una torre que ha construido,
más alta que todas las que ha construido hasta entonces.»

MIHÁLY CSÍKSZENTMIHÁLYI

Hemos visto que una de las formas más comunes de sucumbir a la avidez son las adicciones, la entrega a placeres tales como comer, apostar o comprar de forma compulsiva para acallar el aburrimiento o calmar la ansiedad. Esta técnica explora una alternativa saludable a ambos estados de turbación, que no requiere fuerza de voluntad, sino la promoción de placeres activos, que nos hagan fluir sin convertirnos en adictos. Es, por decirlo de algún modo, una técnica preventiva del riesgo de destruir nuestro ecosistema emocional debido a una adicción.

El concepto *fluir* fue elaborado por Mihály Csíkszentmihályi, para describir el hecho de sentirse completamente
inmerso en una actividad, pensemos en el escalador de una
montaña o en el intérprete de jazz. Lo singular de ese estado
es que la persona se halla tan involucrada en la actividad, es tal
el disfrute que le proporciona, que pierde la noción del tiempo
y olvida los problemas cotidianos para centrar toda su atención
en la tarea. Lejos de un placer pasivo, su secreto radica en alcanzar el máximo de nuestras capacidades en respuesta a los
desafíos que la actividad nos plantea. Y ello, sin experimentar
esfuerzo alguno ni deliberación consciente. La energía psíquica
se desplaza y canaliza sin la menor resistencia, y el yo racional
desaparece al integrarse en una unidad mayor que él mismo: el
escalador sentirá que forma parte de la montaña, el intérprete
no se distinguirá de la música que interpreta.

El valor que el estado de flujo tiene para la serenidad es
enorme, no solo porque nos compensa con creces de los placeres a los que renunciamos al privarnos de comportamientos
adictivos, sino por la ausencia de preocupaciones y ansiedad
que comporta, debido a la sensación de control y dominio de
la situación que experimenta la persona que fluye.

Para alcanzar ese estado de flujo, es necesario, en opinión
de Mihály Csíkszentmihályi, propiciar un equilibrio entre el
desafío de la tarea y la habilidad de quien la realiza. Si la tarea
es demasiado fácil o demasiado difícil, el fluir no podrá pre-
sentarse, cediendo respectivamente su lugar al aburrimiento o
la angustia. Es lo que te ocurrirá si decides jugar un partido de

tenis contra un rival manifiestamente superior o inferior. Solo fluirás contra un rival de similar nivel.

Cuando el equilibrio se produce, la experiencia del fluir es idéntica a la no acción taoísta, en ambas la mente racional deja de funcionar, el ego desaparece. La diferencia nace de que la no acción en el taoísmo surge de la rendición del yo al flujo ordenado del universo considerado sagrado, mientras que para Mihály Csíkszentmihályi, el flujo del universo es caótico, por lo que se tratará de controlar al máximo las condiciones en las que se produce la experiencia. Para fluir, experiencia lúdica por antonomasia, es imprescindible enmarcar la improvisación sobre un campo de juego perfectamente reglado y delimitado de antemano.

Si para mantener la atención plena pareciera que hay que renunciar a tener metas y objetivos, para alcanzar la experiencia del fluir se busca todo lo contrario, el establecimiento de metas y objetivos bien definidos que permitan a la energía psíquica canalizarse de una forma organizada. Las premisas son diferentes, pero el resultado es el mismo que la técnica anterior, dado que la plasticidad del cerebro hace posible que las habilidades aprendidas: montar en bicicleta, jugar al tenis o escalar se vuelvan automáticas, queden incorporadas a la psique, se ejerzan de forma involuntaria e inconsciente.

Para utilizar esta técnica, sigue estos cinco pasos:

- *Define las metas que quieres alcanzar.* Hemos visto que es fundamental proponerse objetivos concretos para las actividades que vamos realizando y esforzarnos por conseguirlos, paso a paso, pero de forma sistemática. Pongamos, por ejemplo, que nuestro objetivo es aprender a bailar el tango.

- *Desarrolla las habilidades* necesarias para superar los desafíos que la actividad elegida te vaya demandando. En el ejemplo escogido, memorizarás y ejercitarás los pasos básicos, entrenarás tu sentido del ritmo, acostumbrarás el oído con audiciones, acudirás a locales de baile, etc.

- *Aprende a concentrarte* en lo que estás haciendo y a controlar la atención para dirigirla a los objetivos marcados, disfrutando en el proceso más que empeñándote en mirar lo que aún falta. Al centrarte en el presente, en el aquí y ahora, no tendrás ansiedad por compararte con bailarines más expertos o impaciencia por avanzar hacia mayores cotas de dificultad. Sentirás un inmenso gozo al ir desplazándote alrededor de la pista, caminando al compás de la música e intercalando en la caminata ochos, adornos y algunas figuras sencillas.

- Encuentra la manera de *evaluar los progresos* que vas realizando a medida que avanzas, de modo que tengas un *feedback* lo más inmediato posible de los resultados. En el caso del tango repite sin fallar los pasos que vayas aprendiendo delante del espejo y busca cada cierto tiempo el juicio de un maestro. Lo que no se evalúa se devalúa.

- *Eleva el nivel de desafíos y dificultad* cuando la actividad comience a aburrirte, así mantendrás la experiencia de flujo en distintos momentos del proceso. En un primer momento bastará con estar pendiente de los pasos, utilizando cada vez mayor variedad de estos; en un segundo momento, sentirás la música, quedarás inmerso en ella; y en un tercero, cuando te hayas olvidado de las técnicas y el cuerpo se mueva solo, sin pensar, serás capaz de improvisar las diferentes figuras en espontánea sincronía con tu pareja de baile. Los cuerpos entrelazados fluirán en total conexión y sin la menor resistencia.

Trata de transformar las actividades cotidianas en experiencias de flujo:

- Elige un trabajo en el que disfrutes y puedas desarrollar tus fortalezas. Uno al que desees dedicarte por lo que te satisface y no solo por utilidad o necesidad. Como decía Confucio: «Elige un trabajo que te guste y no tendrás que trabajar ni un día de tu vida».
- Si esto no fuera posible, transfórmalo en actividades que te produzcan flujo. Trabaja de manera creativa. Los investigadores han comprobado que las personas son sumamente hábiles para adaptar su empleo a fin de convertirlo en algo que les proporcione el máximo de compromiso y sentido. Esto nos recuerda a aquellos dos trabajadores que picaban piedra para construir la catedral de Chartres. Mientras uno estaba amargado por la dureza del esfuerzo y la inclemencia del tiempo, el otro vivía entusiasmado por contribuir

a la construcción de un monumento a la divinidad que perduraría a través de las generaciones.

- Fluye cuando hablas con alguien. La próxima vez que converses con alguien, concentra plenamente tu atención en lo que esa persona dice y en cómo lo dice, y también en tus reacciones ante sus palabras. No respondas enseguida; mejor dale tiempo a explayarse y aliéntala con breves preguntas.

Descubre nuevas actividades que te hagan fluir:

- Identifica esas actividades en las que te hallas tan inmerso que nada más parece importar, en las que el tiempo se diluye y la experiencia es tan placentera que se realiza incluso aunque tenga un gran coste, por el puro disfrute de hacerla. Y después trata de multiplicarlas.
- Ten actividades de ocio inteligente con las que fluyas. Puede ser bailar, tocar un instrumento de música, pintar, escalar, practicar artes marciales… ¿En qué porcentaje de tus actividades de ocio te concentras de verdad o pones en práctica tus habilidades? Diferéncialas de la diversión pasiva: ver jugar al fútbol, escuchar música creada por otros, admirar obras de arte, sin correr el riesgo de crearlas tú…

Como dice Csíkszentmihályi, «el flujo es importante tanto porque consigue que el instante presente sea más agradable como porque construye la confianza en uno mismo que nos permite desarrollar habilidades y realizar importantes contribuciones al género humano».

Convierte tu vida entera en una experiencia de flujo, planteándote, por ejemplo, alcanzar un reto difícil que depende solo de tus fuerzas: la serenidad.

6. Poner lucidez en el sufrimiento

> «La llama de la observación se hará cargo plenamente
> de quemar y eliminar los factores de la vida indeseables,
> destructivos y no saludables.»
>
> DHIRAVAMSA

Realmente no estamos ante una técnica para aumentar la serenidad, sino para aprender a darnos cuenta de cuándo la hemos perdido. Pertenece más al diagnóstico que al tratamiento y, en cierto modo, podría derivarse de la atención plena.

Para elaborarla nos hemos permitido alterar los términos de la ecuación budista sobre origen del sufrimiento que luce en la Tercera Noble Verdad: «El origen del sufrimiento es el deseo». Si anteriormente diferenciamos entre un deseo razonable y un deseo desordenado, en este momento nos parece oportuno diferenciar entre *dolor*, que es un malestar natural e inevitable (el hambre o la inflamación de una encía), y *sufrimiento*, que exige la colaboración del pensamiento. Un ejemplo aclarará la diferencia. Los ruidos a deshora que provienen del vecino de arriba pueden generarnos una molestia, pero no llegan a convertirse en sufrimiento hasta que no comienzan las rumiaciones sobre su supuesta intención de molestarnos o la desconsideración hacia nuestra persona. Estos pensamientos intrusivos provocarán un nivel de odio e ira, por tanto, de perturbación, inexplicables solo por el ruido.

Hechas esas matizaciones, consideramos preferible renunciar a la expresión budista: «Siempre que hay apego hay sufrimiento», que es confusa al no diferenciar entre apego y deseo, en favor de esta otra: «Siempre que hay sufrimiento hay apego». De modo que la evidencia del sufrimiento, de la que es imposible dudar, nos permite saber que estamos ante un deseo desordenado, un apego, que merece ser desactivado. Mientras que si deseo bailar hasta que me duelan los pies, perderme en una bonita ciudad o hacer el amor con mi pareja, no habiendo en ello sufrimiento, podemos descartar que se trate de una forma de apego.

El sufrimiento, cuando es observado con atención plena y sin juicio, abre un espacio de lucidez que conduce al autoconocimiento. Su importancia para la serenidad deriva del hecho de que lo que nos perturba puede no ser algo puntual, sino haber arraigado en nosotros hasta convertirse en un rasgo de carácter. En ese caso, actuará como un punto ciego que distorsiona una y otra vez nuestra percepción de los acontecimientos. El único remedio para combatir esa fuente estable de sufrimiento es la visión interior, que descubre todas las interrelaciones y corrientes que confluyen en nuestro carácter. Conocimiento que consiste tan solo en permanecer plenamente conscientes, desapegados de cualquier cosa que se presente y observar lo que sucede sin interferir, juzgar o comentar, sin alejarse ni confrontarse.

Así, por ejemplo, cuando nos sintamos sufrir porque no somos como deberíamos, sabremos que estamos ante una de las formas más peligrosas de apego: el perfeccionismo, que sacrifica nuestra calma en el altar de un ideal inalcanzable. Desde él, nuestra vida, y el mundo en general, son contemplados como una realidad esencialmente deficiente que exige ser mejorada. O cuando nos sintamos habitualmente frustrados, sabremos que estamos ante otra forma de apego: la gula o glotonería, que nos hace dependientes de lo que produce agrado, cierra nuestros ojos a todo aquello que no da placer y nos sume en una insaciable voracidad de alimentos físicos, emocionales o intelectuales.

Lo mismo ocurre si sufrimos frecuentes síntomas de ansiedad: taquicardias, temblores, sudoración, pensamientos catastrofistas, cefaleas, incapacidad de concentrarse, fatiga, insomnio o preocupación excesiva. Se trata de un apego a la seguridad que, mediante una actitud de control, nos hace querer evitar la parte de dolor e incertidumbre que conlleva la existencia. Darse cuenta y aceptar los síntomas de la ansiedad, sin tratar de interferir o luchar contra ellos, nos pondrá en el camino de la sanación.

El objetivo de esta práctica es, por tanto, aprender a desenmascarar lo que los orientales llaman *ego*, que equivale al conjunto de patrones psíquicos que causan sufrimiento. Son numerosos los estados que evidencian estos patrones: desear ser el mejor o pánico a ser inferior; desear tener más o terror a perder lo que se tiene; deseo de llevar razón o miedo a estar equivocado; deseo de ser el centro de atención o miedo a pasar desapercibido; deseo ilimitado de placer o aversión al dolor; deseo de ser siempre preferido o ansiedad por temer ser rechazado.

Desde la actitud de atención plena, ecuánime y compasiva que vimos en una técnica anterior, iremos haciendo el retrato del personaje que representamos. Cada sufrimiento es como una pincelada que lo ilumina. Y como el sufrimiento es siempre una perturbación del ánimo, la técnica consiste en estar atentos y vigilantes a todo aquello que nos hace perder la serenidad, nos pondrá en la pista del ego. La serenidad no es solo la meta del trayecto, el motor que impulsa el proceso, también es el camino, pues su presencia o ausencia es el test que mide nuestro nivel de armonía con el mundo.

Te proponemos realizar el ejercicio que recomendaban los estoicos. Consiste en mantener una actitud introspectiva, meditando con frecuencia en los acontecimientos de la vida cotidiana: cómo hemos respondido a ellos y cómo deberíamos haber respondido, qué cosas han perturbado nuestra serenidad, qué técnicas hemos utilizado para enfrentarlas, qué aspectos de nuestra personalidad revelan, qué indicios nos permiten pensar que vamos progresando en nuestro aprendizaje, etc.

7. Cambiar el relato

«No son los hechos lo que nos perturban,
sino nuestra interpretación de los mismos.»
EPÍCTETO

Es lo que en psicología se conoce como *reestructuración cognitiva*, aprender a percibir la intención o consecuencias favorables en cualquier acontecimiento. Parte del supuesto, ya descubierto por Epicteto, de que no son los hechos los que nos perturban, sino nuestra manera de interpretarlos. Cuando un hecho se puede interpretar de varias maneras, por qué no optar por la que nos produzca más serenidad. Cuando es imposible cambiar los hechos, cuando una situación que nos hace sufrir no puede ser gestionada porque no depende de nosotros, la serenidad puede estar todavía a nuestro alcance con tan solo cambiar el relato.

Pongamos el caso de un suceso tan irreversible y luctuoso como el fallecimiento de un ser querido. Existirá un dolor inevitable por la pérdida, pero que haya más o menos sufrimiento puede depender del marco de creencias en que lo encajamos, del relato mediante el que lo interpretamos y valoramos. Una persona puede decidir instalarse en la queja por la falta irreparable y maldecir la vida, sucumbiendo a la amargura; y otra convertir ese dolor en un acto de gratitud al universo por haber tenido la fortuna de haberse cruzado con esa persona y compartido con ella momentos de dicha.

No es lo mismo percibir la vida como un derecho que la muerte nos roba que como un préstamo, incluso un regalo, con fecha de vencimiento, tal y como aconseja Séneca. Es absurdo vivir como si fuéramos dueños de todo, en vez de aceptar que vivimos en régimen de usufructo, por lo que hemos de estar dispuestos a devolver lo que se nos ha prestado, por tiempo incierto, con gratitud hacia nuestro acreedor. En ambos casos el hecho no cambia, pero sí la actitud con que se interpreta y valora. Ambos relatos son ciertos, pero uno produce serenidad y el otro pesar. Lo que coloquialmente se conoce como ver la botella medio llena o medio vacía.

El poder modificar los relatos es una herramienta muy importante de la que goza el ser humano. Que nada tiene que ver con engañarse a sí mismo con discursos edificantes sin fundamento real. Una persona que ha sido abandonada por su pareja no sobrelleva igual este hecho traumático si está movida por la creencia en su escaso valor, que el abandono confirma, que si juzga que no ha sido justamente reconocida y percibe en el abandono la oportunidad de ser amada por personas más afines. No hay modo de discriminar cuál de ambas narraciones es más verdadera, pero está claro cuál nos produce más serenidad.

Puede citarse como ejemplo de esta técnica cuando les preguntaron a dos hermanos, cuyo padre era alcohólico, cómo les había afectado este hecho. El que siguió los pasos de su padre relató que bebía porque su padre era alcohólico, mientras el otro contestó que jamás bebía porque su padre era alcohólico. A partir de los mismos hechos la interpretación de los dos hermanos fue diferente y provocó consecuencias opuestas.

En *El Quijote* tenemos una ilustración genial de cómo nos influye el modo en que nos narramos nuestra propia vida. Cervantes contrapone la actitud de Sancho y la del caballero ante cada una de las situaciones que se van presentando. Especialmente hilarante es el capítulo xx de la primera parte, *La Aventura de los Batanes*[1], en el que narra cómo Don Quijote y Sancho se detienen en un valle y van en busca de agua. Cuando escuchan el sonido de una corriente próxima comienzan a oír también un fuerte ruido acompasado de «hierros y cadenas» que no logran identificar a causa de la oscuridad de la noche. En un primer momento, Don Quijote, pensando que se trata de algún peligro y con la expectativa de una nueva aventura, intenta ir con Rocinante a su encuentro, pletórico de excitación y felicidad. Sin embargo, Sancho, cagado literalmente de miedo, gracias a argucias consigue que su amo desista momentáneamente de su intención.

---

1. Maquinaria compuesta de gruesos mazos de madera que, movida por la corriente de agua, servía para para golpear, desengrasar y enfurtir paños y tejidos.

Hasta tal punto importaba esta técnica a los sabios estoicos que era la base de lo que llamaban la *ciudadela interior*, esa muralla de libertad, como los fosos de los antiguos castillos, que ningún hecho puede traspasar sin nuestro consentimiento. En palabras de Marco Aurelio, «ninguna cosa puede tocarnos». Nada de lo que ocurra puede por sí mismo franquear el límite inviolable de nuestra libertad. Lo que se debe a que las cosas carecen del poder de producir de modo automático el relato que nos hacemos sobre ellas. Y es que si desde un punto de vista físico los hechos son como son, su valor y sentido dependen completamente de nosotros. El destino puede hacernos pobres o enfermos, contra eso no podemos luchar, pero de nosotros depende considerarlos desgracias. Nada ni nadie puede quitarnos esa libertad. El que los sucesos nos turben o produzcan serenidad solo depende del juicio de valor que formulamos sobre ellos.

Normalmente, las creencias que nos producen sufrimiento las tenemos tan interiorizadas que es difícil darse cuenta de hasta qué punto son una construcción arbitraria de la mente. Por ello es recomendable aprender a disputar la verdad a esos relatos con preguntas como: «¿Estoy totalmente seguro de que es absolutamente cierto? ¿Hay alguna relación entre mi sufrimiento y ese relato? ¿Cómo sería mi vida si ese relato estuviera equivocado?».

8. Convertir la adversidad en tu maestra

> «Mar tranquilo y viento favorable
> no revelan la habilidad del piloto:
> necesarios son los reveses
> para que se pruebe la fortaleza del ánimo.»
> SÉNECA

Esta técnica, que hemos extraído del chamanismo, consiste en interpretar las circunstancias desfavorables como retos para desarrollar cualidades de guerrero, evitando la queja y el victimismo. No es que, como dice la Biblia, todo suceda para bien de los elegidos o, como dice la expresión popular: «No hay mal que por bien no venga». No hace falta para su ejercicio contar con la confianza en los designios de la providencia. Basta con la decisión de interpretar las situaciones vitales que nos aguijonean como un maestro que nos enseña a relativizar la importancia personal para hacernos menos vulnerables y, en esa proporción, más serenos. Cada frustración ha de ser vista como un aliado y no como un enemigo. Pues solo el aligeramiento de las ínfulas, del orgullo y la prepotencia nos hace ser máximamente eficaces en nuestros propósitos. De hecho, los pequeños obstáculos del día a día, si sabemos apreciarlos, nos preparan para las grandes batallas de la vida.

No hay nada más perturbador para la serenidad que conferirse una extremada importancia a sí mismo, pues nos hace susceptibles a los agravios, por pequeños que sean, del prójimo. Así lo reconoce el famoso chamán mexicano Don Juan en el libro de Carlos Castaneda *El fuego interno*. Concretamente en el capítulo titulado «Los pinches tiranos», expone Don Juan la necesidad que el guerrero tiene de vencer la importancia personal, única forma de ser invulnerable, dado el desgaste energético que supone estar expuesto a las ofensas de los otros. Para ello, preconiza una hábil estrategia consistente en cultivar la impecabilidad, cuyo fin es administrar de un modo óptimo la energía personal como medio de elevarse a niveles superiores de poder y conocimiento.

Aplicados en el caso de Castaneda a una situación de acoso y hostigamiento que había sufrido su maestro durante la juventud, que a punto estuvo de costarle la vida, los seis atributos necesarios para ser impecables y superar el lastre de la importancia personal son: *control* (ignorar momentáneamente el orgullo cuando alguien te pisotea), *disciplina* (reunir toda la información, puntos fuertes y débiles del adversario en medio del combate), *refrenamiento* (esperar con paciencia el momento del ataque), la habilidad de *escoger el momento oportuno* (la intuición cierta de que ha llegado la hora de acometer el golpe de gracia) y el *intento* (que a diferencia de las otros cuatro supone enfrentarse a lo desconocido con la energía acumulada).

Estos cinco primeros pasos, según Don Juan, dependen exclusivamente de nosotros. El sexto, tal vez el más importante, procede del exterior. Este es el llamado irónicamente *pinche tirano,* es decir, alguien dotado de poder que nos desafía y maltrata. Solo frente a él se puede templar el espíritu, cultivar la serenidad y derrotar el ego, siempre que no adoptemos la posición de víctima que se enoja, lamenta, odia, aturde o autocompadece, sino de guerrero.

La función del pinche tirano es tan importante que encontrar uno se considera un verdadero privilegio. Cualquier situación negativa: enfermedad, ruptura, fracaso o injusticia puede ser convertida en pinche tirano si decidimos interpretarla como una oportunidad para no tomarnos tan en serio a nosotros mismos y poner en marcha un plan que conducirá a la victoria si sabemos usar bien la energía.

Así que recuerda, la próxima vez que te surja una adversidad, mírala como un reto, utiliza las técnicas del guerrero y, sobre todo, pregúntate qué te puede enseñar.

9. Acción de gracias

«El agradecimiento es la memoria del corazón.»
Lao Tse

Se ha convertido en un tópico que la religión está vinculada en sus orígenes al deseo de obtener el favor de los dioses. Y aun siendo en parte cierto, lo es mucho más que en el centro de toda religión auténtica está la acción de gracias. De hecho, la mayor parte de los rituales tienen su fundamento en la necesidad humana de agradecer los dones recibidos: alimento, trabajo, salud, prosperidad, éxito, etc.

En principio, la acción de gracias como técnica nos acerca a la serenidad en tanto en cuanto nos reconcilia con el destino. En ese sentido puede parecer una variante de la técnica tres. La persona agradecida tiene focalizada su atención en el valor positivo de lo que es, de lo que tiene y de lo que le ocurre. Es plenamente consciente de todo lo que le rodea para identificar y apreciar aquello que merece gratitud. Ya solo por eso merece la pena. Pero su cultivo continuado puede llevarnos a la gratitud incondicional, activando un poder sublime en manos del ser humano. Un poder de tal magnitud que puede aspirar no solo a soportar y tolerar la desgracia, sino a agradecerla, aunque solo fuera porque nos hace conscientes de nuestra potencia para resistirla.

Es frecuente pensar que la queja y el agradecimiento son dos respuestas condicionadas por el carácter positivo o negativo de los acontecimientos, por el placer o el dolor que nos reportan. Sin embargo, cuando lo que está en juego no es un hecho puntual, sino una actitud ante la vida, lo contrario es lo verdadero: no es la carencia la que crea la queja, sino la queja la que crea la carencia; no es la abundancia la que crea la gratitud, sino la gratitud la que crea la abundancia.

En cierto modo, es una demostración más del poder del relato que vimos en una regla anterior, pues, según estima la psicología, en materia de equilibrio emocional, la mejor proporción se sitúa en alrededor de dos tercios de estados de ánimo positivos por un tercio de negativos. La acción de gracias logra incluso superar esta proporción con la sencilla técnica de abrir los ojos de par en par a lo agradable y entornarlos a lo desagradable.

Como señala Sonja Lyubomirsky, la gratitud es un antídoto contra las emociones negativas, un neutralizador de la envidia, la avaricia, la hostilidad, la preocupación y la irritación. Se encuentra entre las variables más identificadas en las investigaciones y estudios empíricos que se han realizado en torno al bienestar y la felicidad.

En uno de estos estudios, se pidió a un grupo de participantes que escribieran cinco cosas por las que estuvieran agradecidos y que lo hicieran una vez por semana durante diez semanas seguidas. Otros grupos de participantes, en lugar de concentrarse en la gratitud, tuvieron que pensar en cinco problemas cotidianos o en cinco cosas importantes que hubieran ocurrido. Las conclusiones fueron que los participantes que tuvieron que manifestar gratitud tendieron a sentirse más optimistas y más satisfechos con su vida. Hasta su salud mejoró, ya que disminuyeron síntomas físicos como dolores de cabeza, acné, tos o náuseas.

Para entrenar esta técnica del agradecimiento, escribe cada día en un diario al menos tres razones por las que puedes estar agradecido. Sé lo más específico posible. No agradezcas solo los grandes acontecimientos, fíjate también en los pequeños detalles de la vida que son importantes y, sin embargo, suelen pasar desapercibidos.

Puedes empezar a hacerlo a diario, para luego terminar haciéndolo una vez a la semana. Para facilitarte la reflexión, puedes dividir la página en tres columnas.

Con la vida	Con personas en particular	Contigo mismo

Otro ejercicio muy útil consiste en atreverte a expresar a las personas que te rodean, de una forma clara, gratitud por lo que han hecho por ti: sus cuidados, detalles, muestras de afecto…, así como el sentimiento que eso te ha provocado y las consecuencias positivas que han tenido en tu vida. Solo hace falta armarte de un poco de valor, porque en la sociedad actual, aunque pueda resultar asombroso, no genera pudor decir lo negativo, manifestar las quejas y reproches, pero sí lo positivo.

10. Humor redentor

> «Una persona sin sentido del humor
> es como un carro sin amortiguación:
> todas las piedras del camino le hacen sacudirse.»
> HENRY WARD BEECHER

Decía Oscar Wilde que el problema del humor es que no nos lo tomamos demasiado en serio. El humor redentor implica una aceptación absoluta de la propia finitud y, por tanto, de nuestro carácter falible e imperfecto, así como una distancia respecto a las propias motivaciones egocéntricas, que son percibidas desde esa visión exterior en su carácter grotesco.

Hay que diferenciar la risa redentora de otros tipos de risa. Por ejemplo, de la *risa agresiva* que manifiesta superioridad, que se dispara cuando observamos los errores, las deformidades, los vicios o los infortunios ajenos.

Si bien la teoría de la superioridad es el modelo más antiguo del humor, la teoría de la *incongruencia* es quizás la más conocida y la más popular. Propone que reímos al observar dos o más elementos opuestos o incompatibles que han sido combinados o unidos de una manera inadecuada. Este choque entre la realidad esperada y la acontecida explica sin duda la mayor parte de los chistes y ocurrencias que nos hacen reír, como por ejemplo cuando vemos al oficiante de un acto solemne, suntuosamente vestido, tropezarse y rodar por el suelo como una peonza.

Otra forma de explicar la risa tiene que ver con la sensación *catártica*, la liberación de tensiones acumuladas: el estrés, la agresión u otras emociones. Por este motivo, hay algunos pensadores que han identificado esta como la función principal del humor.

Según Freud, los chistes nos permiten hacer aflorar contenidos inconscientes –principalmente de carácter agresivo o sexual– de una forma socialmente aceptable. Y es cierto que una buena proporción de los chistes, y del humor en general, contiene alguno de estos dos elementos tabú.

Existe incluso un cuarto tipo de risa, que podríamos llamar *lúdica*, que nos ayuda a afrontar los problemas, fracasos y desilusiones de la vida, liberándonos de una interpretación seria y permitiéndonos ver el lado divertido de cualquier infortunio. ¿No es esto lo que hacen diariamente los humoristas gráficos en las páginas editoriales de los periódicos? Mediante el humor podemos jugar con la realidad, transformando las amenazas y los desastres en absurdos y ridículos fantoches de los que nos podemos mofar alegremente.

La risa lúdica ofrece una explicación razonable de los chistes, el humor absurdo y surreal, las caricaturas, la sátira, las bromas, la ironía y otros tipos de humor en los que los cómicos juegan con significados múltiples y crean mundos absurdos para divertir al público.

Lo que denominamos humor redentor nace de una mirada lúcida a las propias motivaciones egocéntricas, capta la incongruencia entre la absoluta importancia que nos concedemos a nosotros mismos y nuestra insignificancia cósmica, un pequeño punto perdido en el espacio y el tiempo. De pronto comprendemos lo absurdo de querer llevar siempre razón, de querer ser el mejor, de ser queridos a toda costa. Y, en general, del carácter vano de la mayor parte de nuestros deseos y lo irrisorio de la mayor parte de nuestros temores. Por eso tiene una función liberadora. Nos salva de nosotros mismos.

No hace mucho tuvimos un encuentro con una amiga que se halla sumida desde hace décadas en un sistema familiar completamente patológico, de rivalidades entre hermanos, de confrontación entre bandos, de mutuas culpabilizaciones, en el que el sufrimiento se perpetúa de manera absurda sin arrojar un mínimo de luz sobre la ceguera de los miembros del sistema. Es imposible hacerles ver que todos contribuyen al caos emocional, actuando a la vez como víctimas y verdugos. Cualquier intento de mediación desde el exterior es rápidamente boicoteado. En un momento de la conversación, cuando la persona con la que hablábamos volvía una y otra vez a la carga como un robot al que hubieran dado cuerda, repitiendo las mismas excusas y acusaciones de siempre, tal vez por efecto de la im-

potencia, nos miramos y sentimos un deseo de reír tan enorme
que nos caían las lágrimas. Por fortuna, resultó contagioso y
por primera vez nuestra amiga percibió lo grotesco del labe-
rinto en el que ella y su familia estaban atrapados.

Y por no poner siempre a otros como ejemplo, nosotros
mismos nos solemos reír de forma habitual cuando actuamos
sin darnos cuenta, con arreglo a nuestros mecanismos neuróti-
cos. Por ejemplo, Coral, que acostumbra a anticipar escenarios
dantescos, una vez que íbamos conduciendo camino de Madrid
y apareció una oscura nube en el horizonte, se preguntó en voz
alta, con tono inquieto, si sería de granizo y si la granizada
sería tan fuerte que rompería la luna del coche. Al momento
comenzamos a reír de que su mente produjera sin parar tan
inquietantes augurios. Habíamos sorprendido *in fraganti* a uno
de sus demonios.

Nada hay más corporal y terreno que la risa. Es liberadora
porque nos arranca de golpe de nuestro sufrimiento, de las
cavilaciones y rumiaciones que nos fijan en nuestro interior
–como si el universo girara alrededor de nosotros mismos–,
y nos devuelve a la vida, a su relatividad, a su imperfección,
a su contingencia. Nos atrevemos a decir que la risa, y en general lo grotesco, es la rebelión gozosa del cuerpo frente a la
desmesurada importancia del yo.

Tenemos una capacidad innata e instintiva para reír. Cuando
reímos, generamos química del bienestar, es decir, neurotrans-
misores y hormonas como la dopamina o las endorfinas. Un
estudio de la Universidad de Oxford asegura que reír influye

directamente sobre el timo, estimula el sistema de defensas y reduce la liberación de cortisol, disminuyendo los niveles de estrés.

Por desgracia, con el paso de los años, perdemos la capacidad de reír. De hecho, los niños ríen de media hasta cuatrocientas veces al día, mientras que los adultos apenas lo hacemos diez o quince. Reír es uno de los recursos más importantes que tenemos para enfrentarnos a la dureza de la existencia y encajar los golpes del destino.

- Intenta ver el lado cómico de las cosas que te ocurren, trata de percibir la vida más como una comedia que como un drama.
- Tómate menos en serio, sobre todo cuando te sucedan pequeños contratiempos: estás buscando las gafas cuando, de pronto, caes en la cuenta de que las llevas puestas; o el picaporte, con muy mala intención, te ha enganchado a su paso la chaqueta.
- Recuerda algún momento embarazoso de tu vida y encuentra su parte graciosa. Puedes incluso exagerarla y llevarla al absurdo. Pocas cosas provocan más terror, y se toman más en serio, que la propia muerte. Y, sin embargo, se dice que Groucho Marx llegó a sugerir que se colocara un epitafio en su tumba con una inscripción que rezara: «Perdonen, señores, que no me levante», haciendo alarde de una singular cortesía póstuma. Parece ser que al final no se atendió su deseo, pero la mera intención de tratar de

despertar una sonrisa en los supervivientes desde la propia sepultura, testimonia el poder metafísico del humor.

• No optes siempre por películas o series dramáticas, elige también comedias, programas de humor. Nos inducen a ver el lado divertido de la vida y a liberar tensiones acumuladas.

• Rompe de vez en cuando momentos de extrema seriedad con un chiste o una broma y observa la reacción. Verás cómo se disipa el ambiente sobrecargado y todos los presentes, incluido tú, os sentís más cómodos y relajados.

• Responde con humor en lugar de con ira (si puedes) a alguien que te ofenda o te enoje. Por ejemplo, ante alguien que te insulta responde con tranquilidad: «Siento decepcionarte, pero personas con mucha más inteligencia me han dicho cosas peores». Ríete de la situación o usa el humor para distender la situación.

• No reprimas al niño que llevas dentro, por el contrario, déjale espacio para jugar al margen de la lógica y los convencionalismos sociales.

11. La ternura hacia uno mismo y hacia los otros

«Amarse a sí mismo es el comienzo
de una aventura que dura toda la vida.»
OSCAR WILDE

«La forma más profunda de desesperación
es elegir ser otro en lugar de uno mismo.»
SØREN KIERKEGAARD

Una de las causas más profundas del sufrimiento humano es el odio hacia uno mismo, la aversión por ser quien somos, el deseo de ser otro. Conductas tan autolesivas como la anorexia o la depresión, el perfeccionismo o la culpa, la vergüenza o la ansiedad, que socavan cualquier atisbo de serenidad, en no pocas ocasiones nacen del rechazo que sentimos hacia nosotros mismos.

Hay incluso psicólogos como Arno Gruen para los que el odio que experimentamos hacia los demás camufla un odio contra nosotros. El enemigo que vemos fuera suele encontrarse originariamente en nuestro interior. Klaus Barbie, el carnicero de la Gestapo que torturó al combatiente de la Resistencia francesa Jean Moulin, dijo en una entrevista que cuando interrogó a Jean Moulin tenía la sensación de que se torturaba a sí mismo. No es, por tanto, descabellado afirmar que en todo acto de violencia late el deseo de acallar esa parte de nosotros que la víctima nos recuerda.

Desde nuestro punto de vista, el origen de esta agresividad vuelta contra el propio yo hay que buscarlo en la polarización de la personalidad en dos figuras enfrentadas, pero secretamente cómplices. Lo que Fritz Perls llamaba *perro de arriba-perro de abajo,* en analogía con el *superyó* y *ello* freudiano. El perro de arriba representa la autoridad, ejerce de policía, es el protector de los «deberías» y mandatos que hemos recibido de nuestro entorno, del tipo: «Tienes que ser buena persona», «No debes llorar», «Sé fuerte», «Has de ser responsable», «Haz las cosas perfectas», «Debes adelgazar», etc. Adopta el papel de un moralizador, un mandón, en palabras de Perls. Mientras que el perro de abajo representa los deseos y emociones reprimidos. Es el niño rebelde que dice: «No puedo» o «No quiero» hacer lo que me manda el perro de arriba. Trata de controlar de un modo pasivo, sabotea, olvida las cosas, fracasa, se hace la víctima, aplaza las tareas, se confunde y nunca se compromete. Huelga decir que entornos familiares hostiles, despreciativos y carentes de afecto, al ser interiorizados, agudizan la polaridad perro de arriba-perro de abajo hasta hacerla insoportable.

Con este conflicto la personalidad agota su energía, se fragmenta y divide. La lucha por el control que ejerce cada uno de los polos es el origen de buena parte del sufrimiento. Los sentimientos que provoca oscilan entre el orgullo narcisista y el odio a uno mismo. El primero se crea en base a la autoimagen idealizada, y el segundo en el desprecio de nuestra imagen rechazada. Con una terminología más habitual, podría decirse que la autoestima, el sentimiento del propio valor, es destruida por la distancia inalcanzable entre nuestro yo ideal y nuestro yo real, entre lo que desearíamos ser y el relato que nos hacemos de lo que realmente somos.

La ternura hacia uno mismo y hacia los otros es una de las técnicas más eficaces para desactivar este conflicto, aligerando los altos niveles de autoexigencia que perturban nuestra serenidad. Consiste en estar atento a los propios sufrimientos (en vez de ignorarlos), en mostrarse comprensivo y amable consigo mismo (en lugar de tratarse con desprecio y violencia).

Lo primero que haremos para frenar la pelea interior es encontrar en nosotros un lugar neutro y seguro que nos impida identificarnos con cualquiera de los contendientes. Esa es la función de la atención plena, que permite contemplarnos de manera ecuánime, sin juzgar ni tomar partido. Posteriormente adoptaremos hacia ellos una mirada compasiva, invitando al perro de abajo a expresar sus necesidades sin temor y al perro de arriba a disminuir lo excesivo de sus exigencias.

Detrás de los mecanismos de autocompasión late una aceptación de los propios fracasos y dificultades; no se los considera como desastres y catástrofes, ni como prueba de nuestra debilidad e incompetencia, sino como sucesos normales de la vida, que aquejan a todos los mortales y de los que podemos aprender. La benevolencia con uno mismo no lleva a la autocomplacencia, sino a la resolución de los problemas de una forma eficaz e indolora, facilitando la resiliencia y las autoreparaciones regulares frente a la adversidad.

Dentro de la ternura hacia uno mismo, incluimos la ternura por el propio cuerpo, que nos acompaña a lo largo de la vida y que es habitualmente maltratado. Deberíamos practicar una actividad física de intensidad moderada durante treinta minutos cinco días a la semana, tener una dieta equilibrada con alimentos de calidad, hacer ejercicios de flexibilidad y estiramientos nada más empezar el día o practicar ejercicios de relajación corporal durante al menos diez minutos como el yoga o el *taichí*. Pues la relajación y el bienestar corporal apaciguan el cuerpo e, indirectamente, la mente. El cuerpo suele ser el gran olvidado.

Feliciano, platónico de carácter, descubrió su importancia y valor cuando enfermó de COVID. Su mente, a la que veneraba como un centro sagrado, quedó confusa y deprimida, mientras su cuerpo, al que siempre había despreciado como un precario carruaje del alma, se enfrentó al virus con una inteligencia superior a la de toda la civilización humana –incapaz en aquel momento de hallar un tratamiento eficaz a la enfermedad–, generando en pocos días anticuerpos que le libraron de una neumonía fatal.

Para desarrollar una sana autocompasión, empieza hablándote a ti mismo con amabilidad. Trata de desactivar el padre crítico –perro de arriba– que anida en tu interior, no con resentimiento, sino con dulzura, porque a buen seguro que siempre ha querido lo mejor para ti, pero no sabe el modo de hacerlo. Y despierta al padre protector, el que te ama incondicionalmente.

Una de las situaciones más propensas al maltrato personal es cuando rechazamos nuestro cuerpo por diferentes razones, por ejemplo, por exceso de peso. Imagina cómo te sientes cuando te has comido tú solo una bolsa de patatas fritas entera y sientes que te has fallado, y una voz crítica te ataca con crueldad: «Das pena! ¡Qué débil eres! Nunca lograrás perder esos kilos…».

Tratarse con ternura no quiere decir ser indolente o abúlico, consentírnoslo todo. Siguiendo con el ejemplo anterior, trata de imaginar cómo te hablaría alguien que te quiere si hubiera presenciado la escena. Quizá diría algo así como: «Cariño, sé que te has comido esa bolsa de patatas que no te ayudará a perder peso. Seguro que pensabas que te haría sentir mejor, y has visto que te sientes peor, ¿verdad? Pues yo quiero que te sientas mejor y te ayudaré a conseguirlo. ¿Qué te parece si damos un largo paseo para que te relajes y hagas ejercicio?».

La exigencia y el perfeccionismo, como señalamos anteriormente, también se pueden volver contra los otros, convirtiéndonos en tiranos y jueces implacables. Lo que en el marco de este trabajo no es censurado desde un punto de vista moral, sino porque destruye la serenidad. No sin razón la compasión universal e incondicional hacia todos los seres, en tanto expuestos al sufrimiento, es propuesta por el budismo mahayana como la máxima expresión de sabiduría. Y no solo por su valor ético de propiciar el bienestar ajeno, sino porque donde crece la compasión no pueden germinar las semillas del odio y el resentimiento que aniquilan la paz interior.

Pensar que detrás de todo acto de maldad no hay, por regla general, otra cosa que sufrimiento e ignorancia, facilita la compasión. Cuesta imaginar a una persona plenamente sabia y feliz haciendo daño a sus semejantes.

Para finalizar, cuando percibas el más mínimo asomo de rabia hacia ti mismo, realiza el siguiente ejercicio que te ayudará a apaciguar tu lucha interior:

- ¿Qué es lo que odias de ti? ¿Qué ganas manteniendo ese odio? Y, sobre todo, ¿qué pierdes perpetuándolo? ¿Puedes cambiarlo? Si puedes cambiarlo, cámbialo y, si no, ¿para qué torturarte?
- Renuncia a la perfección, es un cebo envenenado. Haz que disminuya la distancia entre tu yo real y tu yo ideal. No por ello desistas del deseo de mejorar, pero márcate únicamente expectativas realistas.
- No te compares con otros. Saca lo mejor de ti. Si eres un halcón, no quieras ser un león…
- Utiliza la empatía contigo mismo. Compréndete y, sobre todo, ten en cuenta, si te atormenta la culpa, que cuando cometiste aquella acción que te cuesta perdonar no eras

la misma persona que eres en la actualidad. El arrepentimiento sincero aniquila el pasado.

- Céntrate en tus fortalezas y desarróllalas. Pon el foco en lo positivo que tienes. Cuando alguien te haga un cumplido, acéptalo, anótalo y guárdalo para poder acordarte de él en los malos momentos.

12. Virtudes y fortalezas

«La utilidad de la virtud es tan evidente
que los malvados la practican por interés.»
MARQUÉS DE VAUVENARGUES

Las virtudes tienen la función de sustituir los patrones egocéntricos que nos hacen sufrir, las llamadas pasiones, por hábitos que nos predisponen a la mesura y el equilibrio. Debemos a Aristóteles el estudio más completo de las virtudes –justicia, moderación, valentía, honradez, etc.–. Aunque también la tradición estoica, taoísta y budista, y en general todas las tradiciones, han establecido modelos de excelencia humana.

¿Qué podemos entender por virtud? ¿Qué tienen que ver con la serenidad?

De la reflexión aristotélica se desprende que tanto las virtudes como los vicios no son emociones (como el miedo o la cólera) ni acciones (dar dinero, exigir honores), sino *disposiciones voluntariamente adquiridas mediante la costumbre para comportarnos de un modo adecuado respecto a las emociones y las acciones* (predisposición a actuar de forma valiente, honesta, generosa…). Este modo adecuado implica encontrar el punto de equilibrio entre el exceso y el defecto, entre pasarse y no llegar, en cada situación y con respecto a nosotros. El reflejo anímico de ese equilibrio es la serenidad.

Gracias al hábito, la elección prudente del término medio se acaba convirtiendo en una disposición estable de carácter, un modo de ser que perfecciona nuestra naturaleza y nos capacita para mantenernos serenos durante largos periodos de tiempo.

En una línea muy parecida a la de Aristóteles, el filósofo Ernst Tugendhat considera que las virtudes son el modo mediante el que la razón corrige el exceso o falta de motivación de nuestras emociones para actuar. Así, por ejemplo, la virtud de la valentía corrige la falta de motivación del miedo para hacer frente al peligro, lo que llamamos *cobardía*, y rebaja el exceso de motivación del imprudente para asumir riesgos innecesarios, lo que llamamos *temeridad*. Funcionarían, pues, como una suerte de regulador consciente, provisto de freno y acelerador, de la impulsividad. Sin este regulador estaríamos sometidos a poderosas fluctuaciones.

También el budismo reconoce en su Cuarta Noble Verdad que la virtud es el camino que conduce a la cesación del sufrimiento. Lo que denomina el Óctuple Sendero: el recto entendimiento, recto pensamiento, recto lenguaje, recta acción, recta vida, recto esfuerzo, recta atención y recta concentración. Pues para el Buddha la sabiduría consiste en la práctica del Camino Medio, que evita los extremos de la autoindulgencia y la automortificación, de la entrega a los placeres y de las constantes renuncias y sacrificios.

En un sentido más actual, un psicólogo contemporáneo, Martin Seligman, ha elaborado un catálogo de las virtudes presentes en la mayor parte de culturas humanas, ideando un método para facilitar su ejercicio mediante la adquisición de las fortalezas que las desarrollan.

Las veinticuatro fortalezas personales que mide el test VIA se agrupan en seis categorías de virtudes y son las siguientes. Merece la pena leerlas con atención evaluando interiormente tu grado de posesión de cada una de ellas:

I. Sabiduría y conocimiento

Fortalezas cognitivas que implican la adquisición y el uso del conocimiento:

1. **Creatividad (originalidad, ingenio):** pensar en nuevos y productivos caminos y formas de hacer las cosas. Incluye la creación artística pero no se limita exclusivamente a ella.
2. **Curiosidad (interés, amante de la novedad, abierto a nuevas experiencias):** tener interés por lo que sucede en el mundo, encontrar temas fascinantes, explorar y descubrir nuevos caminos.
3. **Apertura de mente (juicio, pensamiento crítico):** pensar sobre lo que nos rodea y examinar todos sus signifi-

cados y matices. No sacar conclusiones al azar, sino tras evaluar cada posibilidad. Estar dispuestos a cambiar las propias ideas en base a la evidencia.

4. **Deseo de aprender (amor por el conocimiento):** llegar a dominar nuevas materias y conocimientos, tendencia continua a adquirir nuevos aprendizajes.

5. **Perspectiva (sabiduría):** ser capaz de dar consejos sabios y adecuados a los demás, encontrando caminos no solo para comprender el mundo, sino para ayudar a comprenderlo a los demás.

II. Coraje

Fortalezas emocionales que implican la consecución de metas ante situaciones de dificultad, externa o interna:

6. **Valentía (valor):** no dejarse intimidar ante la amenaza, el cambio, la dificultad o el dolor. Ser capaces de defender una postura que creemos correcta, aunque exista una fuerte oposición por parte de los demás; actuar según las propias convicciones, aunque eso suponga ser criticado.

7. **Persistencia (perseverancia, laboriosidad):** terminar lo que uno empieza. Persistir en una actividad, aunque existan obstáculos. Obtener satisfacción por las tareas emprendidas y que consiguen finalizarse con éxito.

8. **Integridad (autenticidad, honestidad):** ir siempre con la verdad por delante, no ser pretencioso y asumir la

responsabilidad de los propios sentimientos y acciones emprendidas.

9. **Vitalidad (pasión, entusiasmo, vigor, energía):** afrontar la vida con entusiasmo y energía. Hacer las cosas con convicción y dando todo de uno mismo. Vivir la vida como una apasionante aventura, sintiéndose vivo y activo.

III. Humanidad

Fortalezas interpersonales que implican cuidar y ofrecer amistad y cariño a los demás:

10. **Amor (capacidad de amar y ser amado):** tener importantes y valiosas relaciones con otras personas, en particular con aquellas en las que el afecto y el cuidado son mutuos. Sentirse cercano y apegado a otros.

11. **Amabilidad (generosidad, apoyo, cuidado, compasión, amor altruista, bondad):** hacer favores y buenas acciones para los demás, ayudar y cuidar a otras personas.

12. **Inteligencia social (inteligencia emocional, inteligencia personal):** ser consciente de las emociones y sentimientos tanto de uno mismo como de los demás, saber cómo comportarse en las diferentes situaciones sociales, saber qué cosas son importantes para otras personas, tener empatía.

IV. Justicia

Fortalezas que conllevan una vida en comunidad saludable:

13. **Ciudadanía (responsabilidad social, lealtad, trabajo en equipo):** trabajar bien dentro de un equipo o grupo de personas, ser fiel al grupo y sentirse parte de él.
14. **Justicia (equidad):** tratar a todas las personas como iguales en consonancia con las nociones de equidad y justicia. No dejar que los sentimientos personales influyan en decisiones sobre los otros, dando a todo el mundo las mismas oportunidades.
15. **Liderazgo:** animar al grupo del que uno es miembro para hacer cosas, así como reforzar las relaciones entre las personas de dicho grupo. Organizar actividades grupales y llevarlas a buen término.

V. Moderación

Fortalezas que nos protegen contra los excesos:

16. **Perdón y compasión (capacidad de perdonar, misericordia):** capacidad de perdonar a aquellas personas que han actuado mal, dándoles una segunda oportunidad, no siendo vengativo ni rencoroso.
17. **Humildad/modestia:** dejar que sean los demás los que hablen de uno mismo, no buscar ser el centro de atención y no creerse más especial que las otras personas.

18. **Prudencia (discreción, cautela):** ser cauteloso a la hora de tomar decisiones, no asumiendo riesgos innecesarios ni diciendo o haciendo nada de lo que después uno se pueda arrepentir.

19. **Autorregulación (autocontrol):** tener capacidad para regular los propios sentimientos y acciones. Tener disciplina y control sobre los impulsos y emociones.

VI. Trascendencia

Fortalezas que forjan conexiones con la inmensidad del universo y proveen de significado la vida:

20. **Aprecio de la belleza y la excelencia (asombro, admiración, fascinación):** saber apreciar la belleza de las cosas, del día a día, o interesarse por aspectos de la vida como la naturaleza, el arte, la ciencia…

21. **Gratitud:** ser consciente de las cosas buenas que a uno le pasan. Saber dar las gracias.

22. **Esperanza (optimismo, visión de futuro, orientación al futuro):** esperar lo mejor para el futuro y trabajar para conseguirlo. Creer que un buen futuro es algo que está en nuestras manos lograr.

23. **Sentido del humor (diversión):** gusto por la risa y las bromas, hacer sonreír a otras personas, ver el lado positivo de la vida.

24. **Espiritualidad (religiosidad, fe, propósito):** pensar

que existe un propósito o un significado universal en las cosas que ocurren en el mundo y en la propia existencia. Creer que hay algo superior que da forma y determina nuestra conducta y nos protege.

Trata de identificar cuáles son tus fortalezas. Para ello puedes, en primer lugar, ver intuitivamente en qué destacas y compartirlo con quienes te conocen para saber su opinión. En segundo lugar, y de forma más sistemática, puedes utilizar el inventario de fortalezas (VIA). Es un cuestionario de 240 ítems con cinco posibles respuestas por pregunta, que mide el grado en que un individuo posee cada una de las veinticuatro fortalezas y virtudes que han sido desarrolladas por el Values in Action Institute bajo la dirección de Martin Seligman y Christopher Peterson. Podéis hacer el test *online* en la web de *Authentic Happiness*. Sigue los siguientes pasos:

Paso 1. Entra en la web: http://www.authentichappiness.sas. upenn.edu.

Paso 2. Selecciona idioma (arriba derecha).

Paso 3. Registra nombre y correo electrónico.

Paso 4. Haz clic en el cuestionario VIA de fortalezas personales (columna central) y rellénalo. Tus resultados quedarán guardados *online* y podrás comprobarlos de nuevo más tarde.

Una vez conozcas tus fortalezas, trata de ponerlas a prueba para ver hasta dónde puedes llegar y, por último, ponlas en práctica del mismo modo que quien quiere aprender un idioma. Comprobarás en poco tiempo cómo se incrementa de manera exponencial un gozo activo y sereno que depende exclusivamente de ti.

13. Vivir con lentitud

> «Hoy todo el mundo sufre la "enfermedad del tiempo":
> la creencia obsesiva de que el tiempo se aleja
> y debes pedalear cada vez más rápido.»
> CARL HONORÉ

Una persona serena realizará las acciones de una manera lenta y reposada, del mismo modo que quien se esfuerza en actuar con lentitud contribuirá a un ánimo más sereno. Apresuramiento y serenidad son incompatibles.

Si algo caracteriza a nuestra época, es la adicción a la velocidad, la obsesión por hacer más cosas en menos tiempo. Se ha llegado a acuñar la expresión *enfermedad del tiempo*, la creencia en que siempre falta tiempo y de que debemos ir más deprisa para aprovecharlo. Algunos de sus síntomas son trabajar hasta que el cuerpo aguante, dormir pocas horas, consumir de manera frenética, optar por comida que requiera poco tiempo de cocción como la comida basura, practicar sexo con rapidez y con el fin exclusivo de llegar al orgasmo, preferir la liposucción a una dieta equilibrada para perder peso, devorar recursos naturales de manera más rápida de lo que la naturaleza es capaz de reemplazar, no tener tiempo para educar a los niños a los que, por el contrario, se les da una agenda tan apretada como la de sus padres, vivir obsesionados con los resultados, despreciando el camino para llegar a ellos, estar a todas horas con el móvil, realizar varias tareas a la vez o mantener muchas relaciones, aunque sean superficiales. Incapacidad, en suma, de disfrutar del momento actual por poner nuestra atención en el siguiente.

Mantener este ritmo sería imposible sin estimulantes como el café o sin calmantes como los ansiolíticos o somníferos. El resultado de este estilo de vida es fatiga, estrés crónico, insomnio, jaqueca, hipertensión o agotamiento. También aburrimiento, pues cuando se nos acaban los estímulos entramos en pánico. A lo que se suma un aumento de la rabia por la frustración de no poder hacer todo lo que desearíamos y por la interferencia de cualquier cosa que interrumpa o ralentice nuestra actividad: colas, dificultad para aparcar, congestiones y aglomeraciones urbanas, etc.

La lentitud es necesaria para establecer relaciones verdaderas y significativas con el prójimo, la cultura, la alimentación, la salud o nuestro propio cuerpo. La filosofía de la lentitud puede resumirse en la palabra *equilibrio,* que es la base de la serenidad. No consiste en forzarse a hacerlo todo despacio, sino en actuar con rapidez cuando tiene sentido hacerlo y lentamente cuando la lentitud es lo más conveniente. En vez de hacerlo todo más rápido, tratar de vivir con la velocidad apropiada. Controlar en suma los ritmos de nuestra vida, decidiendo qué celeridad queremos dar a cada actividad.

Una manera de cultivar la lentitud es realizando actividades que se oponen a la aceleración y pueden desengancharnos de la adicción a la velocidad: meditación, jardinería, yoga, pintura, lectura, cocinar, hacer el amor, pasear o *chi kung*. En general, se trata de adoptar la actitud de tomarte tiempo para disfrutar de las cosas. Aprender a saborear la vida, no a devorarla.

Realiza el siguiente ejercicio y experimentarás lo placentero que es degustar de forma sosegada, con plena consciencia, un bombón de chocolate.

- Sostén el bombón en tu mano y escucha el crujir del papel del envoltorio mientras lo abres… Nota el olor del aluminio o plástico que lo envuelve…
- Una vez retirado, mira el bombón de cerca… Su forma…, tamaño…, su color intenso, que puede oscilar desde el canela al marrón más puro, su superficie brillante o dibujada…
- Acerca el bombón a tu nariz y aspira los aromas que desprende, como el cacao, la leche, los frutos secos, la vainilla… Fíjate en todos sus matices…
- Detente ahora en su textura una vez lo tengas en tu boca… y observa cómo comienza a fundirse al presionarlo suavemente entre la lengua y el paladar…
- Céntrate en su sabor… y examina sus características…,

sabores propios del cacao: dulzor, acidez, amargor…, y cómo va cambiando… Es el momento de cerrar los ojos y evaluar el equilibrio de sabores y aromas. Sobre todo hazlo con lentitud y en silencio. Esto te ayudará a ser más consciente…

• Mantén tu atención en el bocado actual antes de pasar al siguiente… y continúa saboreando con plena consciencia…

Cuando termines, te darás cuenta de que un solo bombón degustado de forma consciente puede darte más satisfacción y placer que devorar toda una caja sin consciencia. Además de que comer despacio es bueno para controlar el peso, ya que dejas tiempo al estómago para indicar al cerebro que está lleno.

En cualquier momento del día haz lo que estabas haciendo, pero a la mitad de velocidad:

• Practica sexo tántrico –sexo con lentitud–, despertando poco a poco los sentidos, sincronizando tu respiración con la de quien te acompaña, manteniendo dulcemente la mirada el uno en el otro… Usa aromas, luces de colores, velas, aceites esenciales… Se abrirá ante ti todo un mundo de ternura e intimidad.

• Cocina a fuego lento. En nuestro apresuramiento, nos alimentamos mal y padecemos las consecuencias (sobrepeso, obesidad, diabetes…). De vez en cuando dedica tiempo a preparar una rica comida, hecha con mimo, utilizando productos de cercanía, naturales y frescos. Comprobarás la diferencia entre una comida contra reloj y otra reposada junto a la familia o amigos.

• El hacer las cosas rápido no nos lleva a ser más productivos. Piénsalo cuando estés en tu puesto de trabajo. Es tan malo para nosotros como para la economía. Cuando notes que estás muy acelerado, para, respira profundamente y desacelera.

14. Frecuentar personas y entornos serenos

«Un hombre no trata de verse en el agua que corre,
sino en el agua tranquila,
porque solamente lo que en sí es tranquilo
puede dar tranquilidad a otros.»

CONFUCIO

Por muy autónomos que seamos, no podremos escapar de las influencias del entorno. Mantener relaciones con personas conflictivas y neuróticas, vivir en espacios ruidosos y masificados, desempeñar tareas altamente competitivas, hacer de la vida una carrera contra reloj, comer alimentos ultraprocesados, vivir pegados al móvil o consumir estimulantes, hacen improbable la serenidad.

Por lo que, en la medida de lo posible, debemos esforzarnos en propiciar encuentros que nos expandan, alegren y tranquilicen, evitando los que nos agobian y estresan. Una clara ilustración del poder de esta técnica consiste en experimentar hasta qué punto puede serenarnos pasear por un bosque o zambullirnos en el mar. Pues se trata de espacios serenos y equilibrados, que afinan rápidamente nuestra mente y nuestro cuerpo como el músico hace con su instrumento. La naturaleza nos hace sentir bien. El olor del musgo, el color de las hojas, la sombra de los árboles, la luz filtrándose entre las ramas, el canto de los pájaros hará, sin ni siquiera ser conscientes de ello, que nuestro cuerpo y nuestra mente se equilibren y fortalezcan.

Las ondas cerebrales que generamos son diferentes cuando estamos en un entorno natural. Pasear puede tener un efecto tan beneficioso como la meditación. La inmersión en un espacio natural es una práctica consolidada en algunas culturas como el *shinrinyoku* o «baño de bosque» japonés, que prescribe un paseo de dos horas por el bosque una vez a la semana como terapia para aliviar el estrés y la ansiedad.

Estas son algunas de las recomendaciones según el doctor Qing Li:

1. **Encuentra un lugar:** busca un bosque donde te sientas cómodo. Uno donde lo hayas pasado bien de niño o uno donde los árboles sean grandes o que tenga musgo para pisar, si eso es lo que te gusta.
2. **Activa los cinco sentidos:** olvida teléfonos, cámaras y metas. Camina despacio durante dos horas poniendo atención a sonidos, aromas, colores, formas y texturas. Observa cómo se filtra la luz entre las ramas, respira hondo, toca hojas, troncos y piedras. Camina descalzo,

mete los pies en los arroyos. Medita, haz yoga o taichí durante el paseo.

3. **Tómate el bosque:** si sabes reconocer las bayas, puedes detenerte a degustarlas. Si te llevas un termo, al finalizar te puedes tomar una infusión o un té...

En 2004 el doctor Qing Li intentó descubrir por qué los árboles nos hacen sentir mejor. Sus primeros trabajos demostraron los efectos de los baños de bosque:

- Bajan los niveles de hormonas del estrés (cortisol y adrenalina).
- Inhiben la respuesta de «lucha o huida», propia del sistema nervioso simpático.
- Estimulan la reacción de «reposo y recuperación» del sistema parasimpático.
- Reducen la tensión arterial y la variabilidad de frecuencia cardiaca, lo que disminuye el riesgo de enfermedad cardiovascular.
- Alargan el sueño una media de cincuenta y cuatro minutos.
- Mejoran el estado de ánimo. Si se realizan test antes y después de una caminata, se comprueba que se reduce la puntuación de la ansiedad, la depresión, la rabia y la confusión.
- Redoblan las defensas.

La base de la técnica consiste en no olvidar que todo lo que entra por nuestros sentidos tiene efecto en nosotros. Por ello hay que estar muy vigilantes a los estímulos que ingerimos del exterior a modo de alimentos. Al ver la televisión, leer una revista, ver una película o jugar a un videojuego, consumimos impresiones sensoriales. Las imágenes a las que nos hemos expuestos, como señala Thich Nhat Hanh, plantan en nuestra conciencia las desagradables semillas del anhelo, el temor, la ira y la violencia. Si nos sentimos nerviosos, temerosos o deprimidos, puede deberse a que hemos absorbido un gran número de toxinas a través de nuestros sentidos sin habernos dado cuenta de ello.

La precaución debe extremarse si tenemos en cuenta que, en contraste con los entornos naturales donde el ser humano ha desarrollado su existencia a lo largo de los siglos, han surgido nuevos entornos como internet o las redes sociales, de carácter virtual, en los que pasamos una porción cada vez más extensa de nuestro tiempo. Sin negar sus evidentes ventajas, no podemos obviar los riesgos que suponen para la pacificación de la mente. Bajo la apariencia de un inofensivo divertimiento social, poderosas empresas tecnológicas compiten por subyugar nuestra atención, convertida en un producto que se vende a los anunciantes.

Y no es solo que se negocie con nuestra atención, sino que, a fin de mantenernos conectados el mayor tiempo posible, se nos bombardea con oleadas de estímulos audiovisuales cada vez más adictivos. Si a eso añadimos la evidencia de que cuanto más morbosos, anómalos, violentos o extremados sean los contenidos, da igual si son falsos o exagerados, más fácilmente captan nuestra atención, más ciertos estaremos de que el precio a pagar por entregarnos acríticamente a este tipo de entornos será la intoxicación emocional y la desestabilización del ánimo.

Ser conscientes de lo que miramos (programas violentos en la televisión o videojuegos agresivos...), leemos (mensajes de odio...) o escuchamos (malas noticias) nos ayudará a preservar la serenidad, ya que son semillas que germinan sin darnos cuenta y afectan nuestro estado anímico. Por lo tanto, limita en lo posible la exposición a los mismos. Filtra y elige conscientemente impresiones sensoriales positivas y beneficiosas que nutren las semillas de la paz interior.

Entre todos los factores que pueden afectar a nuestra serenidad, el más influyente es con mucho las personas que nos rodean. Tanto es así que el escritor Jim Rohn acuñó la conocida frase: «Eres la media de las cinco personas con las que pasas más tiempo». Ello es debido a que estamos programados para contagiarnos de las emociones de quienes nos rodean, y las emociones más contagiosas son aquellas que tienen que ver con la supervivencia, como el desprecio, la ira o el miedo. Por ello es muy importante que las personas con las que compartimos más tiempo y tenemos vínculos más estrechos sean personas serenas y equilibradas.

Para poner en práctica la técnica, haz un inventario de aquellas personas o entornos tóxicos que te hacen sentir tristeza, falta de energía, agotamiento, enfado, furia..., y aléjate si puedes. Sustitúyelos por personas y entornos que te hagan experimentar tranquilidad y alegría.

15. Resolución pacífica de conflictos

> «La mitad de nuestros problemas en la vida
> pueden ser identificados por haber dicho que sí demasiado rápido
> o por haber dicho que no demasiado tarde.»
>
> JOSH BILLINGS

> «Cualquiera puede enfadarse, eso es algo muy sencillo.
> Pero enfadarse con la persona adecuada, en el grado exacto,
> en el momento oportuno, con el propósito justo
> y del modo correcto, eso, ciertamente, no resulta tan sencillo.»
>
> ARISTÓTELES

Pocas cosas son más perturbadoras que nuestras relaciones con los otros, sean amorosas, familiares, profesionales o institucionales. El filósofo J.P. Sartre llega a poner en boca de uno de los personajes de su obra teatral *A puerta cerrada* una frase sin duda terrible, tal vez exagerada, pero a la que es imposible no conceder una parte de verdad: «El infierno son los otros». Las posibilidades de que puedan surgir malentendidos, enfrentamientos o abusos es tan elevada que sin la práctica de la asertividad y el perdón es imposible llevar una vida mínimamente serena. Si la asertividad hace posible dar una respuesta ajustada a los conflictos en el momento en que suceden, el perdón sana las secuelas que dejan en nosotros cuando no se han resuelto de la forma adecuada.

Pero ¿qué es la asertividad? Se trata de una habilidad social que permite desenvolverse desde la calma y la honestidad en defensa de los propios intereses y derechos, sin violar los de otras personas. Nos ayuda a expresar las opiniones libremente y a no permitir que los demás se aprovechen de nosotros.

Las otras dos alternativas al conflicto, la evitación y la conducta agresiva, solo aumentarán el desasosiego. Si cuando alguien se cuela en la fila del supermercado me siento enfadado y decido callarme por miedo a provocar un enfrentamiento, lo más probable es que aparezcan rumiaciones en forma de sentimientos de vergüenza y ansiedad, baja autoestima y falta de confianza en mí mismo. Y si, por el contrario, actúo de forma agresiva increpando a gritos al presunto caradura, es probable que después tenga sentimientos de culpa o que se produzca una escalada en el conflicto.

La comunicación asertiva, dirigiéndome de forma amable y respetuosa a quien pretende colarse, permite lograr el objetivo de que se respete mi prioridad en la fila del supermercado sin poner en peligro la propia autoestima y autorreconocimiento.

La fórmula más sencilla y eficaz para conseguirlo es a través de los *Mensajes yo:*

1. **CUANDO...** (describe la situación que te ha causado malestar sin juicio de valor y lo más específicamente posible).
2. **ME SIENTO...** (expresa tus sentimientos sin perder la calma).
3. **PORQUE...** (explica cómo te afecta tal situación).
4. **Y ME GUSTARÍA...** (describe los cambios que te gustaría que se produjeran).

Aplicándolo al ejemplo anterior saldría algo así como: «Perdone, probablemente se trate de una confusión por su parte, pero me he sentido incómodo al ver que se ponía delante de mí en la cola del supermercado, dado que yo he llegado primero. Por lo que le rogaría que se pusiera detrás y respetara su turno».

La clave está en usar «yo» en lugar de «tú», para evitar acusar o culpar a la otra persona. Realmente, el objetivo debe ser resolver el problema, no darle una lección al infractor. Igual de importante es mantenerse siempre centrado en el asunto que queremos tratar y utilizar voz firme, pero nunca agresiva para favorecer la escucha del otro y evitar la escalada. Al utilizar *mensajes yo*, dejamos claro que nos hacemos responsables de nuestros propios sentimientos y necesidades sin tratar de culpar ni hacer juicios de valor sobre la otra persona. Las investigaciones muestran que esta forma de abordar el conflicto es mucho más eficaz y nos permite mantener la serenidad.

Empieza practicando un estilo de comunicación asertivo en situaciones sencillas, pero que te incomoden un poco. Luego, cuando lo tengas bien asentado, practícalo en cualquier circunstancia.

Medita sobre los siguientes derechos asertivos básicos y te sentirás más libre y sereno en tu relación con los otros.

• Derecho a ser tratado con respeto.
• Derecho a tener sentimientos, opiniones y a poder expresarlos sin violar la dignidad de los demás (derecho a estar triste, cansado, enfadado, etc.).
• Derecho a decidir si nos comportamos en función de las expectativas y deseos de los otros o conforme a nuestros intereses, siempre que no violemos los de otras personas.
• Derecho a pedir, sabiendo que el otro tiene derecho a decir que no.
• Derecho a rechazar peticiones sin sentirnos culpables.
• Derecho a establecer nuestras prioridades y a tomar nuestras propias decisiones.
• Derecho a cambiar de opinión.
• Derecho a equivocarse, siendo responsable de nuestros errores.
• Derecho a pararse y pensar antes de actuar o antes de tomar una decisión. Es decir, derecho a no tener que responder de forma inmediata (o nunca).

• Derecho a pedir información o a preguntar cuando no se entiende algo.

• Derecho a disfrutar de los propios logros, a estar orgulloso de uno mismo.

• Derecho a obtener aquello por lo que se paga.

• Derecho a escoger no comportarse de forma asertiva, si es lo que se quiere.

• Derecho a estar solo cuando así se desea.

• Derecho a no tener que justificarse ante los demás.

• Derecho a sentirse contento, a ser feliz.

Aunque desde un imaginario judeocristiano estos derechos hayan sido frecuentemente denostados, nada hay de egoísmo en su práctica, el propósito no es imponerse a los otros en situaciones de conflicto, sino realizar transacciones justas que adopten la forma *yo gano/tú ganas.* O, en términos del análisis transaccional, asumir la posición existencial *yo estoy bien/ tú estás bien,* que significa relacionarse con los demás sobre la base de una estima realista y recíproca. Pero ¿qué ocurre cuando sentimos que hemos sido ofendidos o agraviados injustamente y que no hemos dado la respuesta adecuada?

Dentro de una técnica que tiene que ver con la resolución de conflictos no podemos olvidar la gestión de sentimientos tan perturbadores para la paz interior como el odio, el resentimiento o el deseo de venganza. Y no por una cuestión ética, sino terapéutica: nos hacen más daño a nosotros que a quienes odiamos. El rencor nos sume en un estado de permanente irritación, torturándonos con rumiaciones dolorosas, hostiles, ansiosas y depresivas. Como decía el Buddha, «agarrarse a la ira es como agarrarse a una brasa para arrojársela a alguien: el que se quema eres tú».

La única estrategia en este caso para recuperar la serenidad es el perdón. Pero ¿qué es el perdón? ¿Tenemos acaso derecho a perdonar hechos tan graves como violaciones, asesinatos o maltratos? Sin duda es más fácil decir lo que no es. Perdonar no significa estar obligado a reanudar la relación con quien nos lastimó, tampoco excusarlo, absolverlo de su deber de reparar el daño o conceder impunidad a la injusticia cometida, tampoco reprimir sentimientos de malestar o negar la herida. Perdonar ni siquiera es olvidar, sino recordar sin dolor.

Desde luego, facilita el perdón la asunción de culpas y el arrepentimiento por parte del agresor, empatizar con él, ser conscientes de nuestros propios errores y de las heridas que hemos infligido a otros –por las que deseamos ser perdonados– o diferenciar entre la acción injusta y la persona que la realiza, dirigiendo nuestra ira tan solo contra la primera.

Pero ¿y si no se dan esas circunstancias atenuantes, si no contamos con el arrepentimiento del agresor o los actos se han quedado sin el justo castigo que la ley prescribe? Una posible respuesta tiene que ver con la diferencia establecida entre dolor y sufrimiento. Si el dolor por el daño recibido es un hecho objetivo que no está en nuestro poder modificar, sí lo está el sentimiento de odio que ese dolor despierta.

El odio es, por tanto, un sufrimiento innecesario que no

podría existir sin nuestra colaboración, sin un relato sobre lo sucedido, sin nuestra fe en al menos dos creencias indemostrables: que el otro actúo libremente contra nosotros, que en su mano estaba haberlo evitado, y que su ser actual es el mismo que el que nos ofendió en el pasado. Para verificar ambas creencias habría que haber estado dentro de esa persona, conocer sus intenciones últimas, haber vivido su propia vida, sufrir sus mismos condicionamientos. Como dice el proverbio siux: «Para juzgar a una persona, debes andar tres lunas en sus mocasines». Lo cual es imposible y nos exige en justicia abstenernos de emitir un juicio condenatorio para el que carecemos de pruebas. Tan solo la acción y sus consecuencias son susceptibles de juicio.

Pero si aun este argumento no fuera suficiente, no tenemos por qué renunciar al poder de perdonar que emana de nuestra libertad última. El perdón es la decisión de negarse a alimentar la ofensa, de cerrar el ciclo del dolor que se perpetúa a través de la acción y la reacción, de cortar la cadena que nos ata al pasado. Es tomar la decisión de liberarse de forma unilateral, de recobrar la serenidad sin necesidad de contar con el arrepentimiento del agresor, tan solo por un acto de absoluta soberanía personal, de incondicional amor a sí mismo. Decido perdonarte tan solo porque está en mi poder hacerlo y quiero hacerlo, no permitiré que a través del odio me sigas haciendo daño. Solos los reyes y emperadores gozaban en la antigüedad de semejante prerrogativa.

Para ejercitarte te recomendamos:

- Explora y cuestiona las creencias que tienes sobre el perdón para poder entender el origen de tus resistencias.
- Admite que te han hecho daño. «A lo que te resistes, persiste», decía Jung. No niegues la realidad.
- No reprimas tus sentimientos de dolor. Esa energía se transformará en otras dolencias, generalmente físicas.
- Reconoce que la ofensa te ha cambiado (tanto para mal como para bien).
- Cambia el relato. Ver la situación desde otra perspectiva te facilitará el perdón.
- Intenta comprender. Situarte en la piel del otro. Posteriormente, siente compasión hacia quien te hizo daño, eso te calmará emocionalmente.
- Reconoce tus propias ofensas y las veces que fuiste perdonado, eso te hará más benévolo y compasivo cuando eres tú quien tiene que perdonar.
- Deja de rumiar. Las personas que dan vueltas o se obsesionan con las ofensas tienen más probabilidad de aferrarse a su ira y su dolor, y están menos motivadas para perdonar. Di «¡Basta!» cada vez que te vengan esos pensamientos a la mente.
- Escribe una carta de perdón a quien te hizo daño. No necesariamente debes mandársela ni contar con su aprobación o arrepentimiento. Ponte en contacto con tu propio poder. Solo de ti depende desprenderte de tu odio. Describe con

meticulosidad el agravio sufrido. Explica cómo te afectó cuando ocurrió y cómo te sigue afectando en la actualidad. Comenta lo que te hubiera gustado que hiciera esa persona. Concluye la carta con una declaración explícita de perdón y comprensión. Léela de nuevo y, si no vas a enviarla, quémala como un acto simbólico de liberación.

Bill Clinton preguntó en una ocasión a Nelson Mandela cómo pudo perdonar a sus carceleros. Mandela contestó: «Cuando atravesé la puerta, me di cuenta de que, si continuaba odiando a aquellas personas, seguiría en la cárcel».

Y eso es todo. Recuerda que la vida, no te lo vamos a negar, es una aventura con momentos terribles y momentos maravillosos, y no todas las personas gozan de la misma fortuna ni durante todo el tiempo. En cada instante, el destino, como un poderoso crupier, arroja nuevas cartas sobre el tablero. Cultivar la serenidad, que solo depende de ti, no garantiza la victoria, pero al menos te asegura el empate.